Computer Bild

Prinz & Erle

Facebook, XING & Twitter

ullstein

USB-Stick GRATIS!
6 Hefte für nur 14,50 €!
Schon samstags lesen
JETZT: COMPUTER BILD testen +
35 % sparen + 4 GB USB-Stick GRATIS!
JETZT FÜR KURZE ZEIT:
nur 0,– €
COMPUTER BILD bietet Ihnen:
• Alles rund um Computer, Telekommunikation & Unterhaltungselektronik!
• Tests, Fakten & umfangreiche DVD!
• Praxiswissen & Service für Anfänger und Profis!
plus:
4 GB USB-Stick „JetFlash V30"
• Bootfähig, USB 2.0
• Einfache „Plug & Play"-Installation
• LED-Statusanzeige
• Für Windows 2000, Me, XP, Vista, 7/ Mac OS X
• Maße: 60 x 17 x 8 mm
Transcend
JF V30 / 4 GB
30 JAHRE Garantie
Leistungsstark:
Lesen: bis 20 MB/s
Schreiben: bis 6 MB/s
Passwortschutz:
PC-Lock-Sperrfunktion & Sicherheitsfunktion
Unerkannt surfen
+ 2 Hefte GRATIS dazu!
Als Dankeschön für die Nutzung des umweltfreundlichen Bankeinzugs.
Computer Bild hilft.
Hier sichern:
www.COMPUTERBILD.de/abo/testen
Ich sichere mir die nächsten 6 Ausgaben COMPUTER BILD zum günstigen Preis von zzt. 14,50 € mit DVD in jedem Heft und spare 7,70 € bzw. 10,90 € mit CD in jedem Heft und sp
5,30 € ab der nächsterreichbaren Ausgabe. Somit spare ich über 35 %. Wenn ich mich bis Erhalt der 5. Ausgabe nicht melde, erhalte ich COMPUTER BILD zum Preis von zzt. 3,7
pro Heft (26 Hefte/Jahr) mit DVD bzw. 2,70 € mit CD. Studenten zahlen bei Vorlage eines Nachweises zzt. nur 3,15 € (DVD) bzw. 2,30 € (CD) pro Heft. Ich kann dann die Zustellu
jederzeit kündigen und erhalte zu viel gezahltes Geld zurück. Das Angebot gilt nur in Deutschland und solange der Vorrat reicht.
COMPUTER BILD erscheint im Verlag Axel Springer AG, Axel-Springer-Platz 1, 20350 Hamburg, vertreten durch den Vorstand
www.communicators.ag

1 Twitter – Ein Twitter-Konto anlegen und einrichten 6

2 Tweeten – Twitter-Beiträge schreiben 24

3 XING – Ein XING-Konto anlegen und einrichten 36

4 Persönliches – Persönliche Daten schützen und freigeben 55

5 Kontaktpflege – Kontakte zum Netzwerk hinzufügen 65

Zu diesem Buch

Im Internet lassen sich rasch neue und auch alte Bekannte finden. Inzwischen gibt es viele Internetdienste, in denen Sie mit anderen Nutzern in Verbindung treten können. Das Prinzip ist hierbei ganz einfach: Sie melden sich mit einer kleinen elektronischen Nachricht bei einem anderen Teilnehmer. Nachdem der Empfänger Ihre Anfrage bestätigt hat, sind Sie in den Kreis seiner „Freunde", Kontakte oder Gefolgschaft aufgenommen. Nun können Sie lesen, was den Partner umtreibt, vorausgesetzt er teilt dies als Nutzer des sozialen Netzwerks mit. Und ebenso können Sie alle Welt an Ihren Aktivitäten und Erfahrungen teilhaben lassen, indem Sie einfach Ihr Leben in Kurzmitteilungen im sozialen Netz veröffentlichen.

Das ist der Kern: sich mit anderen Personen zu vernetzen, um zu wissen, was der andere tut. Die Internetdienste haben allerdings verschiedene Schwerpunkte: Auf das Geschäftsleben konzentrieren sich XING und beispielsweise Linked In (**www.linkedin.de**). Hier können Aufträge vergeben und Geschäftspartner gesucht werden. Auf das private Umfeld ausgerichtet sind hingegen Facebook, aber auch Myspace (**www.myspace.de**). Hier lassen Personen einfach ihren Alltag zeitnah Revue passieren, angefangen beim Wetter, Sport und Spiel über Musik, Video und Kunst bis hin zu Liebe und Leid.

Twitter als Dritter im Bunde erstreckt sich mit Kurznachrichten über das ganze Spektrum von größten Banalitäten bis hin zu entscheidenden Ereignissen der Weltpolitik. Sie werden von den Autoren in 140 Zeichen Text gegossen und rund um den Globus versandt. Im Unterschied zu anderen sozialen Netzwerken liegt der Fokus hierbei allerdings weniger auf dem direkten Kontakt zu Personen als vielmehr auf der allgemeinen Information.

In diesem Buch wird Ihnen am Beispiel von Twitter, Facebook und XING gezeigt, wie Sie Mitglied in sozialen Netzen werden und Kontakte knüpfen, aber auch worauf Sie als Teilnehmer achten müssen und mit welchen Sicherheitseinstellungen Sie Ihre Privatsphäre schützen können. All dies erfahren Sie wie gewohnt in den bewährten Schritt-für-Schritt-Anleitungen von COMPUTER BILD, so dass Sie sich ruck, zuck als Teil des Ganzen fühlen und viel Spaß haben werden.

1 Ein Twitter-Konto anlegen und einrichten

Als Twitter anfangs das eine oder andere Mal in den Medien erwähnt wurde, haben es viele potentielle Anwender zunächst belächelt. Was sollte schon ein Dienst bringen, in dem man mit Mininachrichten der Welt mitteilt, was man gerade tut? Und vor allem: Wen interessieren solche Nachrichten? Vielleicht die engsten Freunde, im professionellen Umfeld aber sicherlich niemanden.

Betrachtet man die Entwicklung, die Twitter in den letzten Jahren genommen hat, dann zeigt sich ein ganz anderes Bild. Ob Einzelperson, Verein oder Firma: Bei Twitter nicht vertreten zu sein nimmt viele Möglichkeiten, wichtige Inhalte an die richtigen Empfänger zu bringen. Und wer sagt, dass eine Twitter-Nachricht nicht durchaus wertvolle Informationen enthalten kann?

So hat sich Twitter rasch zum persönlichen Nachrichtenticker entwickelt, mit dem Sie Kurzmeldungen aus Ihrem Leben ins Internet senden können. Wie erfolgreich dieser Nachrichtenkanal ist, sehen Sie daran, dass immer mehr Firmen, aber auch staatliche Organisationen weltweit Twitter für die rasche Aussendung von Kurzmitteilungen nutzen. So hat sich Twitter als Plattform etabliert, auf der das kleine Privatleben ebenso seinen Platz und seine Leser findet wie die große Weltpolitik. Kurz und gut, diese Kombination ebnet den Weg zum Erfolg: 140 Zeichen, interessant und aktuell.

Im ersten Kapitel dieses Buches erfahren Sie,

- wie Sie ein Twitter-Konto anlegen und ihm einen passenden Namen geben
- und wie Sie es ganz nach Wunsch individuell anpassen.

Kapitel-Wegweiser

Ein Twitter-Konto erstellen

Twitter ist ein **Dienst**, der für schnelle Mitteilungen unterwegs gedacht ist. Statt - wie beispielsweise in einem **Blog** beziehungsweise Internettagebuch - ausführliche Artikel zu schreiben, deren Erstellung einen gewissen Zeitaufwand erfordert, kann eine Twitter-Nachricht (der sogenannte **Tweet**) mal eben schnell zwischendurch verfasst werden. Diese Eigenschaft ist auch für den Leser von Vorteil: Ein Tweet ist zum einen hochaktuell, zum anderen aber auch schnell zu lesen. Die Voraussetzung dafür ist ein Zugang zum Internet und ein Twitter-Konto, das Sie kostenlos anlegen und nutzen können.

Twitter aufrufen

Im Grunde ist Twitter nichts anderes als ein kostenloser Dienst im Internet, eine Internetseite, auf der Sie Informationen eingeben können und die Ihr Anlaufpunkt für die Nutzung von Twitter ist. Diese Seite muss mit einer bestehenden Internetverbindung aufgerufen werden. In den folgenden Schritt-für-Schritt-Anleitungen wird davon ausgegangen, dass Sie als Betriebsprogramm Windows in der aktuellen Version Windows 7 und als Internetzugriffsprogramm beziehungsweise Browser den **Internet Explorer** von Microsoft verwenden. Das Verfahren gilt aber im Prinzip auch für jedes andere Betriebssystem und für jeden anderen **Browser**.

1 Klicken Sie als Erstes unten links auf Ihrem Bildschirm auf

und anschließend im sich öffnenden Startmenü auf den Eintrag

,

damit das Internetanzeigeprogramm startet.

2 Als Nächstes klicken Sie in die Adresszeile ●,

die daraufhin blau hinterlegt beziehungsweise markiert wird:

3 Tippen Sie nun über die Tastatur die Internetadresse ●

ein, und schließen Sie die Eingabe durch Drücken der [↵]-Taste ab.

Anschließend wird die Twitter-Startseite im Internet geladen und in Ihrem Browser dargestellt. Sofort sehen Sie, worüber aktuell geplaudert wird.

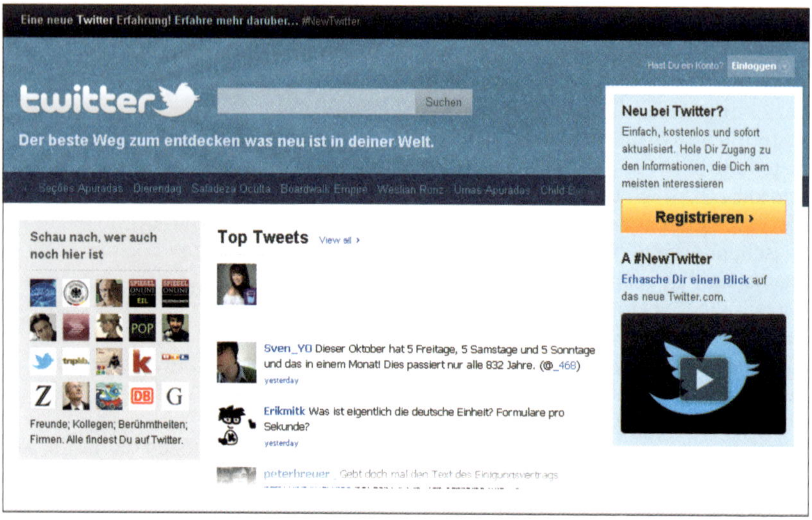

Ein neues Twitter-Konto anlegen

Wenn Sie Twitter-Nachrichten veröffentlichen möchten, brauchen Sie natürlich nicht nur eine Internetverbindung, sondern auch ein Twitter-Konto. Dies lässt sich schnell und komfortabel – und dazu noch kostenlos – anlegen.

1 Nachdem Sie die Twitter-Seite, wie im vorigen Abschnitt gezeigt, aufgerufen haben, **klicken** Sie zunächst auf

.

Twitter ändert sich

Sollte die Twitter-Internetseite beim Aufrufen nicht exakt so aussehen wie in obigem Bild, dann ist dies kein Fehler: Twitter ändert sein Aussehen häufiger, manchmal mehrmals im Monat. Auch die Funktionalitäten werden regelmäßig angepasst und erweitert. Wichtig dabei: Die grundsätzlichen Bedienschritte, wie sie in den folgenden Abschnitten beschrieben werden, ändern sich kaum oder gar nicht!

2 Auf der Seite, die daraufhin erscheint, können Sie alle wichtigen Informationen eintragen, die zum Anlegen eines neuen Twitter-Kontos nötig sind. Klicken Sie als Erstes in das Eingabefeld ●,

und tippen Sie über die Tastatur Ihren Namen (Vor- und Nachnamen) ein.

3 Danach klicken Sie in das darunter liegende Eingabefeld und geben Ihren gewünschten Twitter-Namen ein, im Beispiel ●.

Nach der Eingabe überprüft Twitter, ob der von Ihnen ausgewählte Name bereits von einem anderen Benutzer verwendet wird oder ob er noch frei ist. Im optimalen Fall wird neben dem Namen ein grünes OK

angezeigt. Dies bedeutet, dass Sie den gewünschten Namen verwenden können. Erscheint stattdessen eine Warnung,

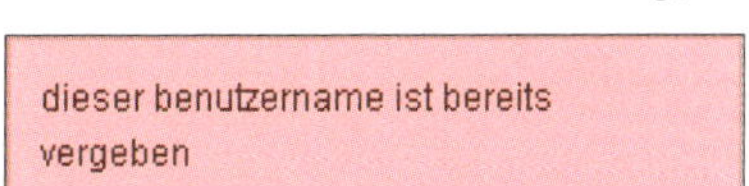

dann war jemand schneller und hat bereits den von Ihnen gewünschten Benutzernamen reserviert. In einem solchen Fall bleibt Ihnen nichts anderes übrig, als wie oben beschrieben einen anderen Namen auszuwählen.

4 Als Nächstes geht es darum, Ihr Twitter-Konto mit einem Passwort zu schützen. Klicken Sie dazu in das entsprechende Eingabefeld, und tragen Sie Ihr gewünschtes Passwort, das aus mindestens sechs Zeichen bestehen muss, ein. Wundern Sie sich nicht: Die von Ih-

! Wahl des Benutzernamens ist wichtig

Machen Sie sich vor der Wahl des Benutzernamens erst einmal in Ruhe Gedanken darüber, wie dieser lauten soll. Auf der einen Seite sollte er griffig und leicht zu merken sein, auf der anderen Seite auch etwas mit Ihnen und dem Zweck Ihrer Nutzung von Twitter zu tun haben. Der Benutzername begleitet Sie über die gesamte Zeit, die Sie Twitter verwenden!
Vermeiden Sie Namen, die einer anderen Person, einer Firma oder einem Verein gehören und an denen Sie keine Rechte haben. Sich „Microsoft" zu nennen, mag einen gewissen Reiz haben, nur hat der echte Inhaber des Namens meist etwas dagegen – und dann ist ein Twitter-Konto schnell gelöscht. In dem Fall sind nicht nur Ihre mühevoll geschriebenen Beiträge verloren, sondern auch die regelmäßigen Leser, die Sie mit der Zeit gewonnen haben!

nen eingegebenen Zeichen werden extra nicht angezeigt, sondern nur Punkte: ●.

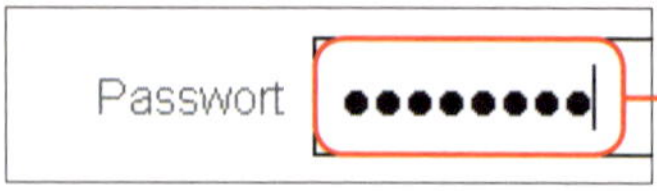

Dies soll sicherstellen, dass, sollte Ihnen beim Festlegen des Kennworts jemand über die Schultern schauen, das Passwort nicht mitgelesen werden kann.

Twitter überprüft schon während der Eingabe die Qualität Ihres Passworts: Wenn es beispielsweise nur aus Buchstaben besteht, kann es mit relativ geringem Aufwand erraten werden. In dem Fall blendet Twitter einen Warnhinweis ein:

Wählen Sie stattdessen ein Passwort, das Sie sich auf der einen Seite leicht merken können, das sich aber auf der anderen Seite zur Sicherheit aus einer Mischung von Groß- und Kleinbuchstaben sowie Sonderzeichen zusammensetzt. Twitter quittiert ein solches Passwort mit dem Hinweis

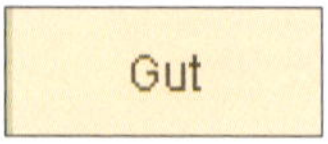

.

5 Ins nächste Eingabefeld müssen Sie Ihre **E-Mail**-Adresse eintragen. Keine Sorge: Diese ist nur notwendig, damit Twitter Sie über eingehende Direktnachrichten (siehe Seite 30) und neue Abonnenten Ihrer Nachrichten (sogenannte

Passwörter sind wichtig

Denken Sie immer daran: Das Passwort für Ihr Twitter-Konto ist der einzige Schutz, der einen Unbefugten davon abhält, in Ihrem Namen Beiträge zu schreiben. Wählen Sie es also mit Bedacht!
Wenn Sie Ihr Twitter-Konto nicht alleine nutzen, sondern Twitter im Verein oder in der Firma von mehreren Benutzern mit Inhalt füllen lassen wollen, dann wählen Sie unbedingt ein Passwort, das sich von Ihrem persönlichen Standardpasswort deutlich unterscheidet.

Follower, siehe Seite 14) informieren kann. Klicken Sie auf ●,

damit niemand anhand Ihrer E-Mail-Adresse auf Ihren Benutzernamen kommen kann.

6 Sofern Sie von Twitter nicht über Neuigkeiten informiert werden möchten, entfernen Sie das Häkchen ● per Mausklick. Danach klicken Sie auf den Befehl ●,

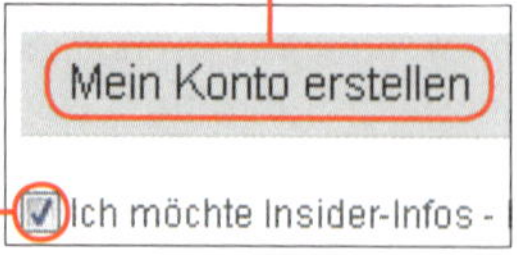

um Ihre Eingaben abzuschließen.

7 Twitter schützt sich selbst vor Bösewichten aus dem Internet, indem es überprüft, ob derjenige, der sich anmeldet, ein Mensch aus Fleisch und Blut ist - und kein Roboter beziehungsweise Schadprogramm. Dazu werden sogenannten CAPTCHAs, schräge und verzerrte Texte, verwendet. Diese können vom menschlichen Auge, aber nicht von einem Programm ausgelesen werden. Sie sehen bei jedem erneuten Laden der Seite anders aus, zum Beispiel so:

Tippen Sie die abgebildeten Wörter in das Eingabefeld unterhalb der Grafik ein, im Beispiel ●,

und klicken Sie anschließend auf die Schaltfläche

.

8 Jetzt ist es fast geschafft. Bevor Sie Ihr Twitter-Konto endgültig nutzen können, brauchen Sie nur noch erst auf

,

dann auf

und zuletzt auf

zu klicken.

9 Um Ihre Identität zu überprüfen, schickt Ihnen Twitter eine E-Mail an die von Ihnen angegebene E-Mail-Adresse. Die folgende Beschreibung bezieht sich auf Microsoft Outlook, ist aber auch auf andere E-Mail-Programme übertragbar. Im Posteingang sehen Sie nach dem Abfragen Ihrer neuen E-Mails eine E-Mail von Twitter:

.

Nach einem **Doppelklick** darauf erscheint eine blaue Verknüpfung ●,

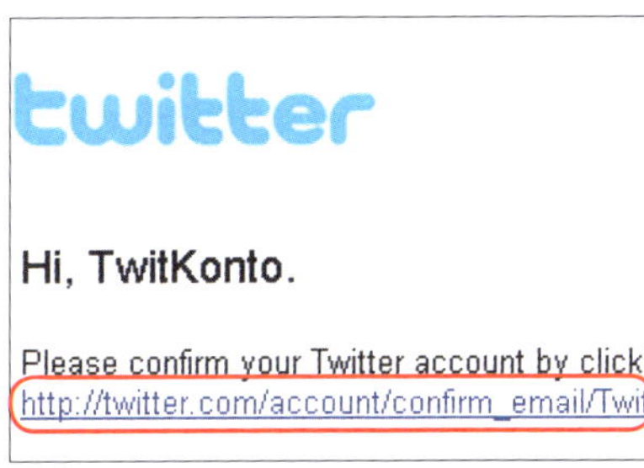

wie Sie sie von Internetseiten kennen. Wenn Sie darauf klicken, wird die Twitter-Anmeldeseite geladen. Melden Sie sich an, wie auf Seite 12 beschrieben. Dann wird Ihr Konto automatisch aktiviert und Twitter weiß, dass Sie selbst das Konto angelegt haben und berechtigt sind, es zu nutzen.

Legen Sie gleich ein Twitter-Konto an

Selbst wenn Sie sich noch nicht sicher sind, ob Sie Twitter tatsächlich schon nutzen möchten: Das Konto sollten Sie in jedem Fall gleich zu Beginn anlegen. Dies kostet nichts, hilft Ihnen aber, sich Ihren Wunschnamen zu sichern, bevor dies ein anderer tut.

Um Enttäuschungen bei Ihren Lesern vorzubeugen, die zwar Ihr Twitter-Konto, aber noch keine Inhalte finden, können Sie das Konto auf „geschützt" setzen (siehe Seite 18). Auf diese Weise machen Sie deutlich, dass es darin noch nichts zu sehen gibt.

Bei Twitter anmelden

Nachdem Sie Ihr neues Konto angelegt haben, müssen Sie sich mit Ihrem Benutzernamen und Ihrem Passwort anmelden, damit Sie Beiträge schreiben und Einstellungen oder Änderungen vornehmen können.

1 Rufen Sie die Twitter-Seite auf, wie auf Seite 7 gezeigt, und klicken Sie dort auf ●,

um den Eingabebildschirm zu öffnen:

2 Tippen Sie in die jeweiligen Felder Ihren Benutzernamen ein, im Beispiel ●,

sowie Ihr Passwort (deren Zeichen wieder nur verschlüsselt als kleine Punkte dargestellt werden).

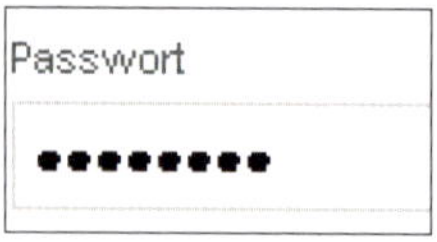

3 Wenn Sie möchten, dass diese Anmeldedaten auf Ihrem Rechner gespeichert bleiben (womit Sie sich künftig die erneute Eingabe ersparen können), klicken Sie in das Kästchen ●,

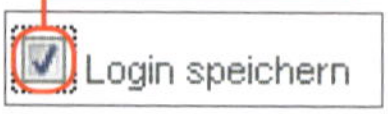

um einen Haken hineinzusetzen. Dies ist aber nur dann ratsam, wenn Sie gerade an Ihrem eigenen PC sitzen, den Sie auch ganz alleine nutzen. In einem Internetcafé oder an einem Rechner, an dem mehrere Benutzer arbeiten, sollten Sie dies nicht tun! Jeder, der die Twitter-Seite aufruft, könnte dann in Ihrem Namen Nachrichten versenden. Um die Anmeldung abzuschließen, genügt ein Mausklick auf

.

4 Wird der Rechner, auf dem Sie sich angemeldet haben, von mehreren Leuten genutzt oder gehört er gar nicht Ihnen, dann sollten Sie sich beim Verlassen des Rechners auch wieder von Ihrem Twitter-Konto abmelden. Klicken Sie dazu einfach auf

oben rechts auf dem Bildschirm.

Die Twitter-Seite anpassen

Direkt nach dem Anlegen eines neuen Twitter-Kontos sehen alle Twitter-Seiten gleich aus. Das muss aber nicht so bleiben. Schließlich wollen Sie ja Ihre persönlichen Inhalte über Twitter in die Welt bringen, und dann soll schon auf den ersten Blick erkennbar sein, wer sich hinter Ihrem Twitter-Konto verbirgt.

Twitter-Beiträge lesen

Wollen Sie sehen, wie Ihre Twitter-Seite jetzt aussieht? Dann rufen Sie sie auf. Hierfür brauchen Sie nur Ihr Internetzugriffsprogramm. Die benötigte Internetadresse setzt sich immer aus der Internetadresse von Twitter (**http://www.twitter.com**) und Ihrem Benutzernamen zusammen, lautet im Beispiel also: **http://www.twitter.com/Twitkonto**

1 Um also die Twitter-Seite eines Benutzers aufzurufen, starten Sie Ihr Internetanzeigeprogramm, wie auf Seite 7 beschrieben, und geben die Adresse in die Adresszeile des Browsers ein. Dabei ist es egal, ob der Aufrufende selbst bei Twitter angemeldet ist oder nicht.

2 Jeder, der selbst bei Twitter angemeldet ist, benötigt nur Ihren Twitter-Namen (im Beispiel „TwitKonto"), um Ihnen in Twitter „folgen" und Ihre Beiträge automatisch lesen zu können. Eine genaue Beschreibung dazu finden Sie im Kasten auf Seite 14.

3 Auf Ihrer eigenen Twitter-Seite können Sie schnell den Erfolg Ihres Schaffens erkennen. Hier

Namen bei Twitter

Namen haben auch bei Twitter die Aufgabe, Menschen zu identifizieren. Kennen Sie den Benutzernamen einer Person, dann können Sie dessen Twitter-Seite (und damit auch seine Beiträge) direkt erreichen. So erreichen Sie beispielsweise das Twitter-Konto von Raymond Wiseman über dessen Benutzernamen „raywiseman“ mit der Eingabe ●.

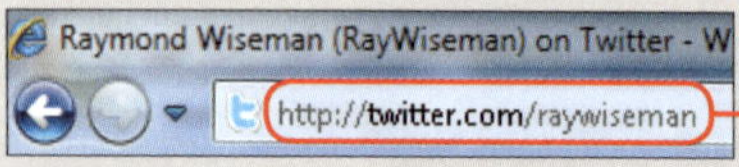

Nun können Sie lesen, was der Journalist und Autor geschrieben hat.

Viele Twitter-Benutzer verwenden aber nicht ihren eigenen Namen, sondern ein Pseudonym. Um deren Nachrichten zu finden, müssen Sie natürlich genau wissen, wie sich der Benutzer bei Twitter nennt. So finden Sie etwa die Nachrichten von Peter Prinz

unter der Adresse **http://www.twitter.com/peter_prinz**. Andreas Erle, der ein Blog rund um Windows Phones betreibt, verwendet statt seines Eigennamens den Namen seines Blogs WorldofPPC (**http://www.twitter.com/worldofppc**)

steht die Zahl Ihrer „Follower“ (also der Twitter-Benutzer, die Ihre Beiträge abonniert haben), hier ● die Zahl der Twitter-Benutzer, denen Sie selbst folgen, und hier ● die Zahl der Beiträge, die Sie selbst geschrieben haben (die sogenannten „Tweets“).

Ein Kontobild auswählen

Auch wenn das Internet relativ anonym scheint und gerade Dienste wie Twitter dazu beitragen, dass man selten Rückschlüsse auf eine reale Person ziehen kann, so wollen Sie doch mit Ihren Beiträgen glaubwürdig Inhalte an Ihre Leser bringen und diese davon überzeugen, dass Sie offiziell und vertrauenswürdig sind. Da hilft es, wenn Sie Ihrem Twitter-Konto ein Bild beilegen, sei es ein Foto von sich selbst, ein Firmen- oder ein Vereinslogo.

1 Bevor Sie die entsprechende Einstellung vornehmen können, müssen Sie sich zuerst bei Twitter anmelden, wie auf Seite 12 gezeigt. Klicken Sie dann in der Menüleiste rechts oben auf ●.

2 Um ein Bild hinzuzufügen klicken Sie nun als Erstes auf das Symbol ●.

Wenn Sie Ihr Twitter-Konto für Ihre Firma oder einen Verein verwenden, dann macht es Sinn, statt eines realen Fotos Ihrer Person das Logo des Unternehmens zu verwenden, wie es beispielsweise auch auf der jeweiligen Internetseite Verwendung findet.

Ein gut gewähltes Profilbild hilft Ihren potentiellen Lesern unter anderem, Ihre Beiträge in der Flut aller abonnierten Beiträge rasch erkennen zu können, und macht Ihre Nachrichten optisch attraktiv.

3 Klicken Sie im Fenster, das sich daraufhin öffnet, auf die Schaltfläche ●,

und navigieren Sie - wie Sie es vom Windows-Explorer gewohnt sind - durch Ihre **Festplatte** bis zu dem Speicherort, an dem sich das gewünschte Bild befindet.

4 Markieren Sie das gewünschte Bild mit einem Mausklick, im Beispiel ●, und klicken Sie dann auf die Schaltfläche ●.

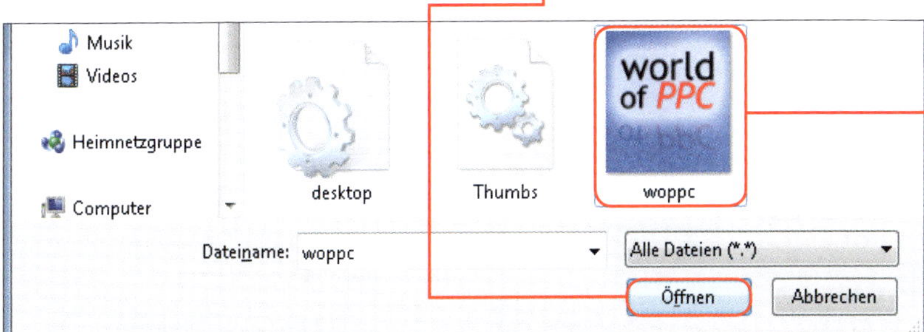

Profilbild ändern

Manchmal ändern sich die Anforderungen an ein Profilbild: Gingen Sie früher noch davon aus, nur rein privat zu twittern, so soll später vielleicht einmal der Verein oder eine Firma repräsentiert werden, und in solchen Fällen ist das alte Profilbild vielleicht nicht mehr passend. Dieses ist nicht in Stein gemeißelt, sondern kann jederzeit wieder verändert werden. Klicken Sie dazu nach der Anmeldung wieder auf

und danach auf Ihr aktuelles Profilbild, hier .

Im daraufhin erscheinenden Fenster müssen Sie dann auf

und anschließend auf klicken. Dann können Sie, wie ab Schritt 3 der vorigen Anleitung auf Seite 15 beschrieben, ein neues Foto auswählen.

5 Damit das ausgewählte Bild gespeichert wird, klicken Sie einfach auf

.

Anschließend wird neben Ihrem Twitter-Namen auch Ihr neues, soeben ausgewähltes Bild angezeigt, im Beispiel also .

Persönliche Informationen eingeben

Ihr Twitter-Konto wird im Normalfall nur eines von mehreren Kommunikationsmitteln sein, mit denen Sie Ihre Gedanken anderen Lesern kundtun wollen. Viele Twitter-Benutzer gehen nicht nur gezielt auf bestimmte Twitter-Seiten, sondern starten erst mal bei einer bekannten Seite und gehen dann, je nach Interesse, auf dort aufgeführte andere Twitter-Seiten, von dort wieder weiter etc. Gelangt ein Besucher durch einen solchen „Zufall" auf Ihre Twitter-Seite, dann sollte er über die dortigen Informationen schnell wissen, wer Sie sind, was Sie machen und wie Sie ihm nützlich sein können.

1 Nach der Anmeldung bei Twitter klicken Sie in der Menüleiste oben auf den Eintrag

und dann auf .

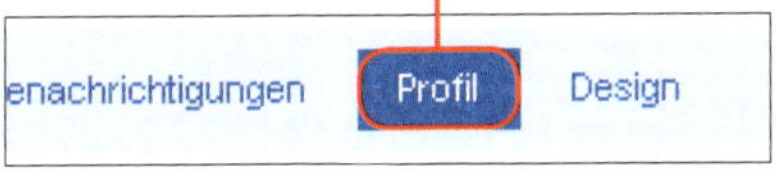

Neben den bereits beim Erstellen Ihres Kontos angegebenen Daten sind vor allem vier Einstellungen und Angaben wichtig. Die erste betrifft Ihre Homepage. Wenn Sie eine Internetseite besitzen, die dem Besucher weitere Informationen, Dienstleistungen etc. bietet, klicken Sie in das Eingabefeld

und geben dort Ihre Internetadresse ein.

2 Um das Interesse des Besuchers zu wecken, können Sie ein wenig über sich und den Grund, warum Sie twittern, erzählen. Klicken Sie dazu auf ,

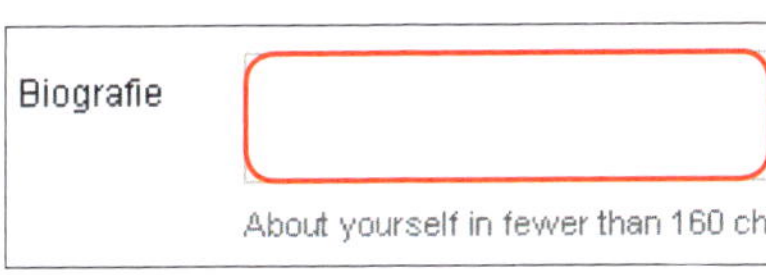

und tippen Sie in maximal 160 Zeichen eine Kurzbiografie ein. Dabei kann es sich, ganz nach Wunsch, um Ihr persönliches Motto, die Aufgabe des Vereins oder den Geschäftszweck der Firma handeln.

3 Über Twitter kann unter anderem auch nach dem Ort gesucht werden, wo sich ein Benutzer befindet. Wenn zum Beispiel gerade jemand in der Nähe von Krefeld ist, kann er sich die Beiträge aus dieser Gegend anzeigen lassen. Damit auch Ihre Beiträge erscheinen, müssen Sie den Ort, aus dem Sie kommen, eingeben. Klicken Sie dazu auf .

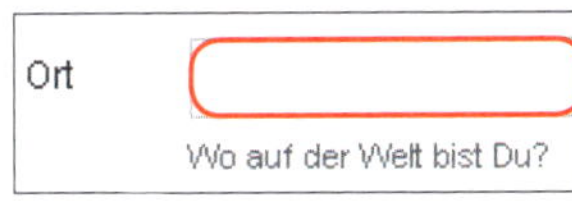

4 Dieser geografische Bezug lässt sich noch ein wenig verfeinern: Mittlerweile bieten die meisten mobilen Geräte die Möglichkeit, auch von unterwegs zu twittern. Im Zusammenspiel mit den in den Geräten integrierten Satellitenempfängern (**GPS**) kann an jeden Beitrag, den Sie über Twitter schreiben, direkt die aktuelle Position des Verfassers angehängt werden.

Wenn Sie das möchten, klicken Sie in der Menüleiste auf

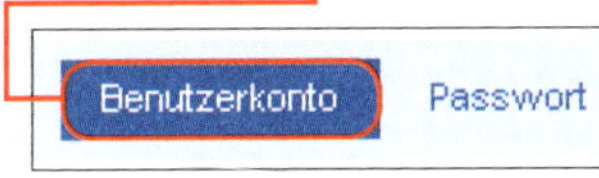

und anschließend auf .

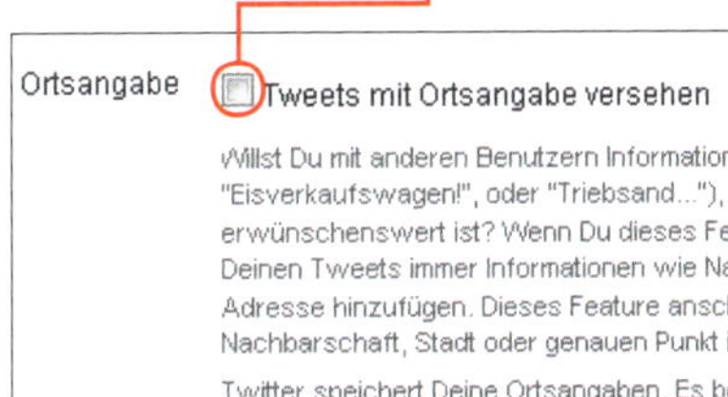

Sobald dort ein Haken gesetzt ist, werden Ihre Tweets mit einer Ortskennung versehen.

5 Die Ortskennung ist vom Grundsatz her eine feine Sache, birgt aber auch ein Risiko. Egal, wo Sie auf Twitter gerade vorgeben zu sein: Die Ortsangabe gibt Ihren wahren Aufenthaltsort preis. Falls Sie die bisher automatisch an Ihre Beiträge angefügten Ortsangaben lieber löschen möchten, tippen Sie auf ●.

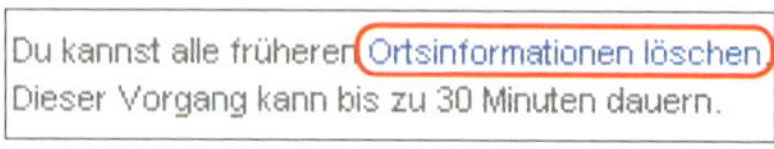

Twitter durchforstet dann all Ihre Beiträge und entfernt die Ortsangaben. Dies kann - abhängig von der Zahl Ihrer Beiträge - bis zu 30 Minuten dauern.

6 Sie haben die Möglichkeit, Ihre Tweets zu schützen, sodass nicht jeder, der zufällig auf Ihrer Twitter-Seite landet, diese auch lesen kann. Dies macht vor allem Sinn, wenn Sie bereits einen Twitter-Namen reservieren wollen, aber noch keine Beiträge schreiben möchten. Setzen Sie dazu per Klick in das Kästchen ●

einen Haken. Ein Besucher Ihrer Twitter-Seite sieht jetzt nur, dass Sie als Benutzer existieren und dass die Seite geschützt ist. Beiträge aber sieht er nicht.

7 Schließen Sie die Einstellungen mit einem Mausklick auf

ab. Zur Sicherheit fragt Twitter nochmals nach Ihrem Passwort. Geben Sie es ein ●, und klicken Sie anschließend auf ●.

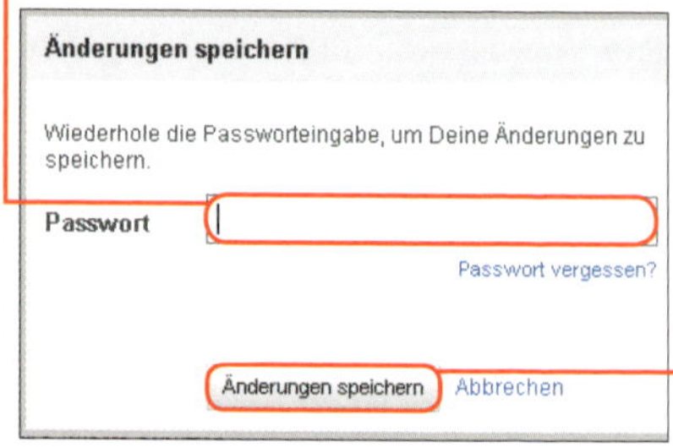

Wann wollen Sie benachrichtigt werden?

Ob privat oder geschäftlich: Twitter ist ein Instrument, um Leser zu gewinnen und zu behalten, und so empfiehlt es sich, auch ohne dauernde manuelle Kontrolle über wichtige Ereignisse informiert zu werden. Bereits beim Anlegen Ihres Twitter-Kontos hatten Sie ja eine E-Mail-Adresse angegeben, und an diese schickt Twitter alle Benachrichtigungen. Welche Informationen das genau sind, können Sie selbst bestimmen.

1 Nachdem Sie sich, wie auf Seite 12 beschrieben, bei Twitter angemeldet haben, rufen Sie die Einstellungen Ihres Twitter-Kontos auf. Klicken Sie dazu in der Menüleiste rechts oben auf ●

und danach auf ●.

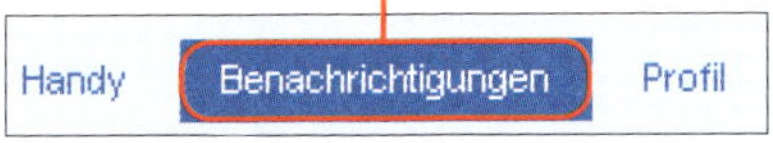

Daraufhin bekommen Sie in einer Übersicht alle Ereignisse angezeigt, bei denen Twitter Sie per E-Mail informieren könnte. Ereignisse, neben denen ein Haken gesetzt ist, beispielsweise ●,

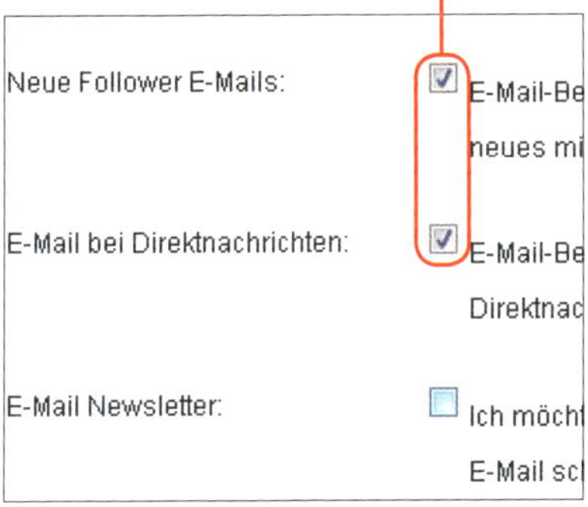

sind zur Benachrichtigung ausgewählt.

2 Falls Sie bei jedem neuen Leser, der Ihren Beiträgen regelmäßig folgt (einem „Follower", siehe auch Seite 14), benachrichtigt werden möchten, sollten Sie hier ●

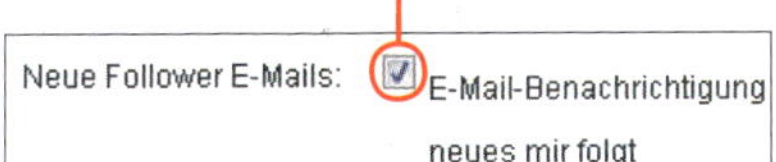

mit einem Mausklick in das Kästchen einen Haken setzen wie in der Abbildung.

3 Twitter ist hinsichtlich der Kommunikation keine Einbahnstraße, in der nur Sie als Autor Nachrichten schreiben können. Darüber hinaus besteht auch die Möglichkeit, direkte Nachrichten an einen registrierten Benutzer zu versenden. Wenn Sie über eine solche „Direktnachricht" informiert werden wollen, dann muss hier ●

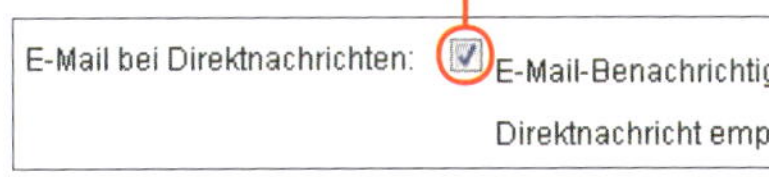

ein Häkchen zu sehen sein. Zum Schluss speichern Sie die Benachrichtigungseinstellungen per Klick auf

.

Design der Twitter-Seite anpassen

Twitter mag „nur" ein einfacher Dienst sein, nichtsdestotrotz reiht er sich in ein Gesamtkonzept ein: Viele Anwender haben neben dem Twitter-Konto noch eine offizielle **Internetseite**, ein Blog etc. - und da ist es wichtig, dass ein Besucher bereits auf den ersten Blick erkennen kann, dass diese zusammengehören.

Ganz unabhängig davon: Je mehr sich eine Twitter-Seite von anderen unterscheidet, desto interessanter wird sie für den Besucher. Dies spricht sich herum, und entsprechend mehr Leser kommen regelmäßig wieder.

1 Damit Sie die gewünschten Einstellungen am Design vornehmen und das Hintergrundbild auswählen können,

Bildrechte beachten

Wenn Sie ein Hintergrundbild von Ihrer Festplatte laden und ins Internet stellen, sollten Sie unbedingt darauf achten, dass Sie daran auch die Rechte haben: Eigene Fotos beispielsweise sind unproblematisch, denn die haben Sie selbst gemacht. Bilder, die Sie von fremden Internetseiten heruntergeladen haben, sollten Sie hingegen in jedem Fall vermeiden! Denn diese gehören jemand anderem, was bei Missbrauch des Urheberrechts juristischen Ärger nach sich ziehen kann.

klicken Sie als Erstes wieder auf

und danach auf den Eintrag.

Twitter öffnet daraufhin eine Übersicht der verfügbaren „Themen". Ein Thema ist eine spezielle Kombination aus Bildern, Farben und Schriften, die einen bestimmten Gesamteindruck vermittelt.

2 Keine Sorge, auch wenn dies jetzt nach nur eingeschränkter Individualisierbarkeit klingt: Sobald Sie durch Auswahl eines passenden Themas das Aussehen Ihrer Twitter-Seite grob geändert haben, können Sie noch weitere Anpassungen vornehmen. Zunächst mal klicken Sie einfach auf eines der Minibilder, das Ihnen am besten gefällt, etwa.

3 Das ausgewählte Thema wird sofort auf Ihre Twitter-Seite angewendet.

Im Beispielfall sieht der Hintergrund dann so aus: ●.

Um das durch die Auswahl des Themas festgelegte Hintergrundbild zu verändern, klicken Sie nun auf

.

4 Wenn Ihnen zwar das grundsätzliche Design, nicht aber das damit automatisch verbundene Hintergrundbild gefällt, können Sie es jetzt mit einem Klick auf ● entfernen.

5 Je nach Größe des verwendeten Monitors und des ausgewählten Hintergrundbildes kann es vorkommen, dass das Bild nur einen Teil des Hintergrundes einnimmt. Das sieht nicht sehr schön aus, weil der Standardhintergrund dann durchscheint.

In einem solchen Fall setzen Sie mit einem Klick in das Kästchen ●

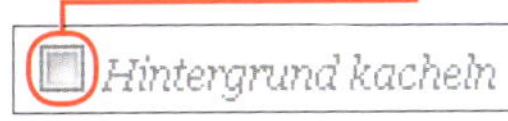

einen Haken. Dann wird das Hintergrundbild so oft neben- und untereinander angeordnet, bis der gesamte Hintergrund damit ausgefüllt ist.

Hintergrund der Internetseite übernehmen

Wenn Sie bereits eine eigene Internetseite besitzen und Ihre Twitter-Seite vom Aussehen her angleichen wollen, geht dies sehr einfach: Rufen Sie Ihre Internetseite auf, und bewegen Sie den Mauszeiger auf den Hintergrund, der auch auf Ihrer Twitter-Seite verwendet werden soll, im Beispiel ●.

Drücken Sie dann die *rechte* Maustaste, und wählen Sie im sich öffnenden Kontextmenü den Befehl ●.

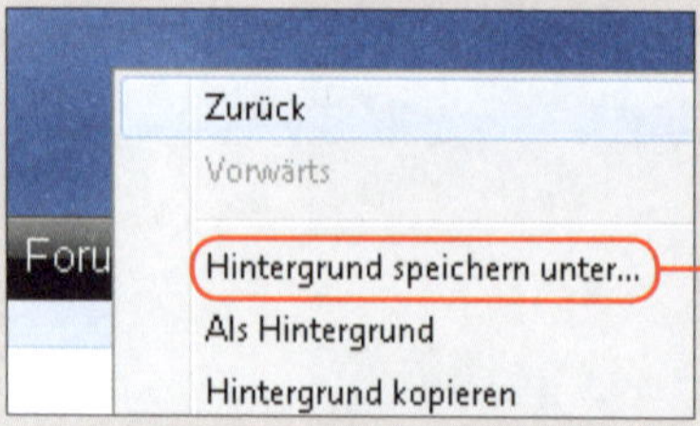

Geben Sie dem Bild einen Namen, etwa ●,

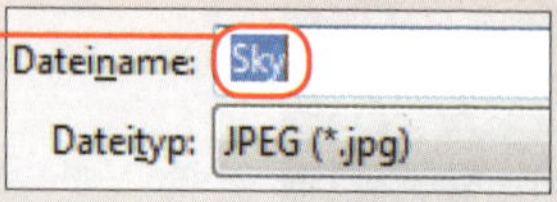

und sichern Sie es per Klick auf

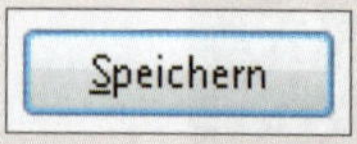

.

Nachdem Sie das alte Hintergrundbild entfernt und das gewünschte neue gespeichert haben, können Sie es für Ihre Twitter-Seite übernehmen, indem Sie auf ●

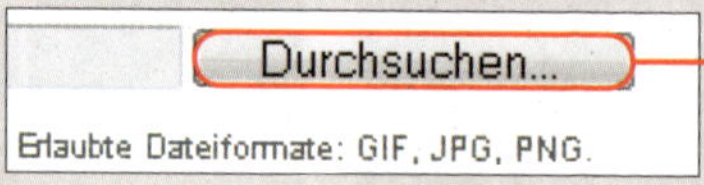

klicken und das andere Bild dann per Mausklick von der Festplatte auswählen, im Beispiel ●.

6 Nun sind nach dem Einfügen Ihres eigenen Hintergrundbildes die restlichen Farben möglicherweise nicht mehr ganz passend. Aber auch diese können Sie problemlos und komfortabel verändern. Klicken Sie dazu als Erstes auf

.

Anschließend öffnet sich eine Übersicht der Bereiche Ihrer Twitter-Seite, deren Farben Sie manuell verändern können. Klicken Sie auf ●, um den Hintergrund (falls Sie kein Hintergrundbild flächendeckend verwenden), auf ●,

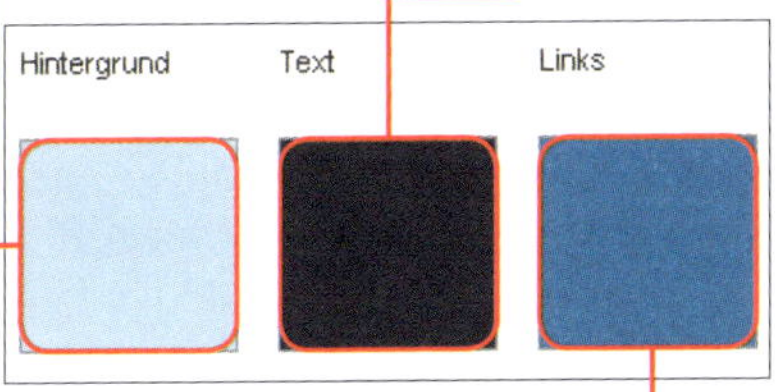

um die Textfarbe und auf ●, um die Farbe von Verknüpfungen zu verändern. Damit die Farbe der Seitenleiste geändert wird, klicken Sie auf ●, und um den Rahmen der Seitenleiste farblich anzupassen, auf ●.

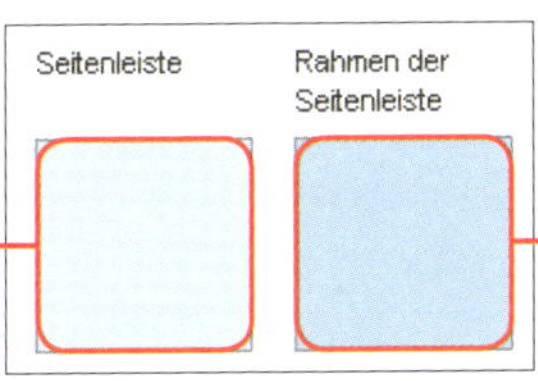

7 Nach der Auswahl des zu verändernden Bereichs erscheint auf dem Bildschirm eine Farbfläche. Die aktuelle Farbe ist immer mit einem kleinen Kreis ●

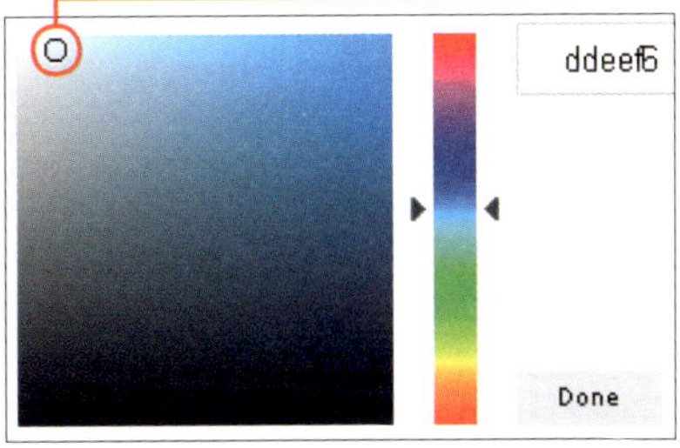

gekennzeichnet. Klicken Sie einfach in die gewünschte Farbschattierung. Falls Sie den Farbbereich ändern wollen, weil das Thema beispielsweise eher in Richtung „Blau" geht, Sie aber lieber einen grünen Bereich hätten, dann klicken Sie auf die gewünschte Farbe im Farbregler, etwa ●,

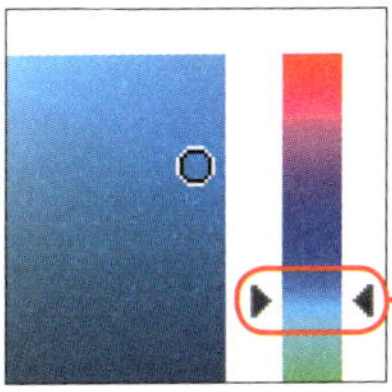

und legen die Detailfarbe danach im Farbauswahlfeld links fest.

8 Um die Farbauswahl zu schließen, klicken Sie anschließend auf

,

und um die Änderungen zu speichern, zu guter Letzt auf

.

2 Twitter-Beiträge schreiben

Twitter selbst fordert seine Benutzer auf, in kurzen und prägnanten Worten eine Frage zu beantworten: „Was gibt's Neues?". In 140 Zeichen haben Sie die Möglichkeit, wichtige Kurznachrichten interessierten Lesern verfügbar zu machen. Der Erfolg wird in Form der regelmäßigen Leser, die Ihre Beiträge abonniert haben, gemessen, den **Followern**.

Um dieses Ziel zu erreichen, müssen Ihre Kurznachrichten allerdings erst einmal einen gewissen Bekanntheitsgrad erlangen - und das bedeutet, dass Sie wahrgenommen werden müssen. Dies geschieht am leichtesten dadurch, dass Sie selbst wiederum anderen folgen, dann selbst deren Mitteilungen an Ihre Follower weiterleiten und auch direkt mit anderen Twitterern in Verbindung treten. Sie sehen, der Weg zum Erfolg bei Twitter ist eine Art Strategiespiel der Kommunikation. Hier ist Schweigen nicht einmal Silber und Reden auf jeden Fall Gold.

Daher geht es im Folgenden vor allem um das Schreiben, Beantworten und Weiterleiten von Nachrichten (die sich bei Twitter „Tweets", übersetzt „Zwitschereien", nennen), aber auch um die Bestimmung der richtigen Inhalte und die Integration anderer Informationen wie Verknüpfungen zu **Internetseiten** und Bildern.

Im zweiten Kapitel dieses Buches erfahren Sie

- wie Sie einen Beitrag schreiben,
- wie Sie auf einen Beitrag antworten oder ihn weiterleiten,
- wie Sie direkt mit Benutzern kommunizieren
- und wie Sie Bilder in einen Beitrag einfügen können

Kapitel-Wegweiser

Beiträge verfassen

Twitter stellt den kritischen Betrachter immer wieder vor die Frage, warum Menschen diesen Dienst nutzen. Viele Dialoge zwischen Fremden, die man mitliest, sind für den Unbeteiligten kryptisch und vielleicht sogar sinnlos. Am Ende liegt es aber ganz an Ihnen, welche Inhalte Sie in Twitter einstellen und was Sie damit erreichen wollen. Nachdem Sie nun den Aufwand getrieben haben, ein eigenes Twitter-Konto anzulegen, schreiben Sie doch einfach Ihre ersten Texte!

Einen Beitrag schreiben

Der einfachste Weg zum Schreiben eines neuen Beitrags bei Twitter führt über die Twitter-Oberfläche im Internet.

1 Rufen Sie als Erstes die Twitter-Internetseite auf, und melden Sie sich an Ihrem Konto an (siehe Seite 12). Nach einem Mausklick auf

finden Sie im oberen Bereich der Twitter-Seite ein Eingabefeld, das unmissverständlich darauf wartet, jetzt von Ihnen „gefüllt“ zu werden:

2 Am rechten Rand des Bildschirms befindet sich eine Zahl, die mit jedem eingegebenen Zeichen abnimmt, etwa ●.

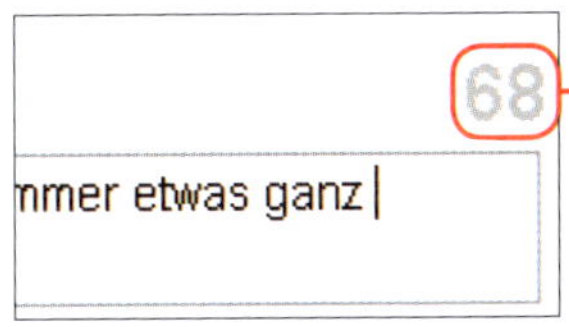

Sie zählt also mit, während Sie schreiben, und zeigt die noch zur Verfügung stehenden Zeichen an. Wird diese Zahl rot ●,

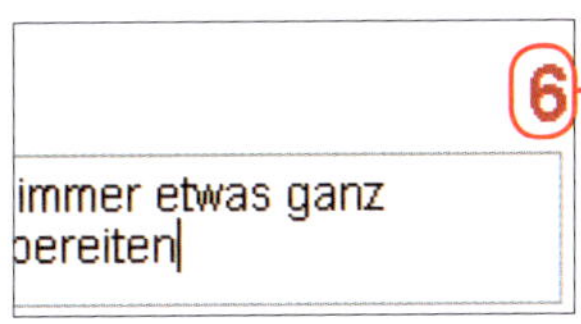

dann sind Sie ganz nah daran, die für einen Beitrag zur Verfügung stehenden 140 Zeichen ausgeschöpft zu haben, und sollten langsam zum Ende kommen. Steht sogar ein Minuszeichen vor der Zahl ●,

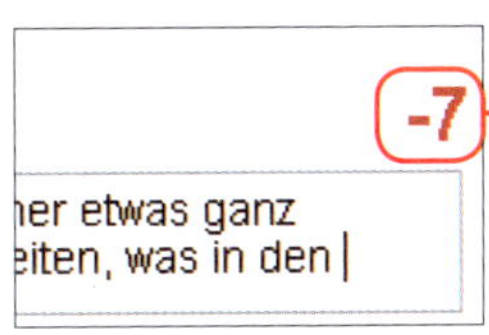

haben Sie zu viele Zeichen verwendet und müssen den Beitrag kürzen, bevor Sie ihn senden können.

Abkürzungen verwenden

In der allgemeinen Internetsprache hat es sich eingebürgert, mit Abkürzungen zu arbeiten. Einige davon werden Sie in vielen Beiträgen finden, so zum Beispiel:

LOL: „Laugh out loud" = laut loslachen.
ROFL: „Rolling on the floor laughing" = sich vor Lachen auf dem Boden wälzen.
ROTFLMAO: „Rolling on the floor laughing my arse off" = vor Lachen nicht mehr können.
AFAIK: „As far as I know" = soweit ich weiß.
TBH: „To be honest" = um ehrlich zu sein.
IMHO: „In my humble opinion" = meiner ehrlichen Meinung nach.

Wichtig: In einer privaten Konversation sind diese Abkürzungen gebräuchlich und akzeptiert. Wenn Sie allerdings als Firma oder Verein „offizielle" Inhalte bei Twitter einstellen möchten, sollten Sie überlegen, ob dies zu dem Bild, das Sie nach außen von sich oder Ihrer Firma vermitteln wollen, passt.

3 Schicken Sie Ihre Nachricht mit einem Klick auf

ab. Sollte die Schaltfläche ausgegraut sein wie in der Abbildung

, dann liegt dies daran, dass der Beitrag zu lang ist. Kürzen Sie ihn, und schicken Sie ihn erst dann ab.

Herzlichen Glückwunsch! Ihr erster Beitrag ist veröffentlicht. Sie sehen ihn sowohl in der Liste Ihrer Beiträge, etwa ●,

als auch direkt unter dem Eingabefeld für einen neuen Beitrag ●.

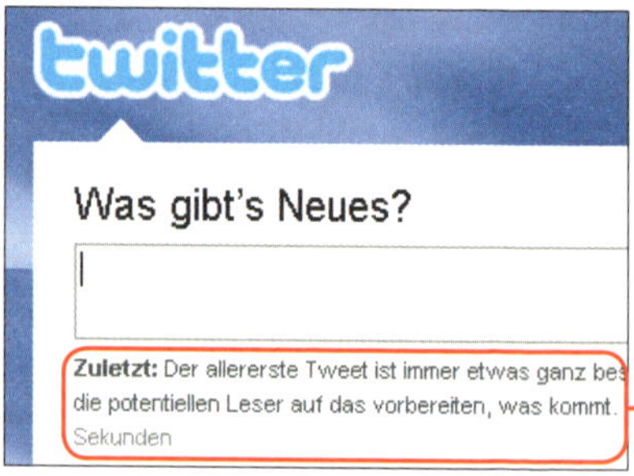

4 Unterhalb des Beitrags finden Sie zudem die Angabe, wann dieser veröffentlicht wurde. Diese Angabe trägt der Tatsache Rechnung, dass Twitter schnell und aktuell informiert. Haben Sie gerade getwittert, dass Sie auf einer Messe sind, dann kann das für einen Benutzer, der dies gerade gelesen hat, interessant sein, um noch schnell ein Treffen zu vereinbaren. War dies allerdings vor Stunden, dürfte es dafür zu spät sein. Die Zeitangabe gibt immer den Zeitabstand zum „Jetzt“ an, der Beispieleintrag wurde also vor weniger als fünf Sekunden geschrieben. Die Angabe daneben

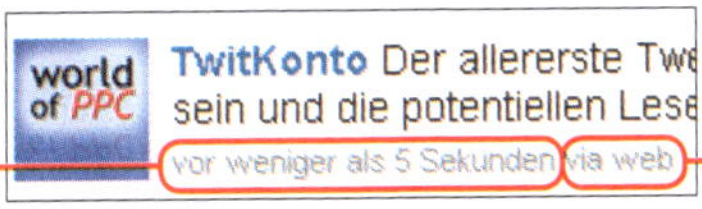

bedeutet, dass direkt über die Twitter-Oberfläche geschrieben wurde.

5 Wenn der aktuelle Standort des Verfassers mit dem Beitrag mitgeliefert wurde (siehe Seite 17), wird auch der dazugehörige Ort angezeigt, etwa

Mit einem Mausklick auf die Ortsangabe öffnet sich eine kleine Karte, in der der Ort eingezeichnet ist:

6 Praktisch ist zudem eine Funktion, die Sie per Klick auf den Link

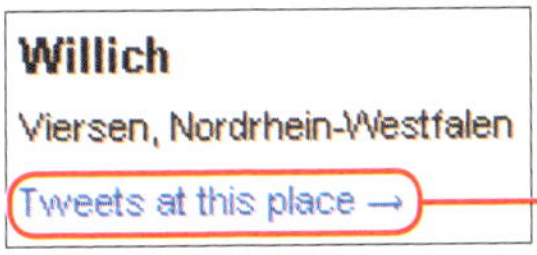

aktivieren. Dann wird Ihnen eine aktuelle Übersicht aller Beiträge angezeigt, die gerade aus diesem Ort geschrieben wurden:

Diese Funktion ist äußerst hilfreich, wenn Sie mit einem mobilen Gerät unterwegs sind und es Lesern ermöglichen möchten, Sie auch persönlich zu treffen (beispielsweise bei einer Messe oder Ausstellung). Zur Kontaktaufnahme können Sie dann beispielsweise eine Direktnachricht versenden (siehe Seite 30).

Einen Beitrag beantworten

Viele Anwender halten Twitter anfangs für eine Kommunikations-Einbahnstraße, in der man nur eigene Beiträge schreiben kann. Dies ist zwar der Hauptzweck des **Dienstes**, aber trotzdem kann eine echte Kommunikation aufgebaut werden. Beispielsweise, indem Sie auf einen Beitrag antworten.

Anmeldung nötig

Vorausgesetzt, dass die Beiträge nicht geschützt wurden (siehe Seite 18), kann jeder, der im Internet ist, Beiträge lesen. Das Twitter-Konto dieses Buches kann beispielsweise unter der Adresse **http://www.twitter.com/TwitKonto** erreicht werden. Wenn Sie aber auf einen Beitrag antworten möchten, müssen Sie mit Ihrem Twitter-Konto angemeldet sein – genau so, als würden Sie einen neuen Beitrag schreiben. Im Folgenden wird also davon ausgegangen, dass Sie an Ihrem Twitter-Konto angemeldet sind (siehe Seite 12).

1 Wenn Sie einen Beitrag, den Sie interessant finden, beantworten wollen, bewegen Sie den Mauszeiger unten auf diesen Beitrag, im Beispiel ●.

Sie erkennen, dass der Beitrag dabei etwas dunkler hinterlegt wird als die anderen Beiträge. Neben dem Beitrag erscheinen nun zwei Schaltflächen, mit denen Sie auf einen Beitrag reagieren können. Um eine Antwort zu verfassen, klicken Sie auf ●.

2 Twitter öffnet daraufhin automatisch eine neue Nachricht und setzt am Anfang gleich den Absender der ursprünglichen Nachricht ein, im Beispiel ●.

Das dem Benutzernamen vorangestellte Zeichen „@" kennen Sie bereits von **E-Mail**-Adressen. Das „at" (engl. für „an") signalisiert, dass die Antwort „an" den ursprünglichen Autor gerichtet ist.

Schreiben Sie Ihre Antwort auf den Beitrag (achten Sie aber darauf, dass diese sich tatsächlich auch auf den ursprünglichen Inhalt bezieht!),

und versenden Sie die Antwort mit einem Mausklick auf

.

3 Falls Sie die Befürchtung haben sollten, dass die Beiträge jetzt nicht mehr zuzuordnen sind: Dies ist nicht der Fall. Unter dem Beitrag wird immer darauf hingewiesen, wenn es sich um eine Antwort auf einen früheren Beitrag handelt, hier ●. Mit einem Mausklick auf den Benutzernamen, etwa ●,

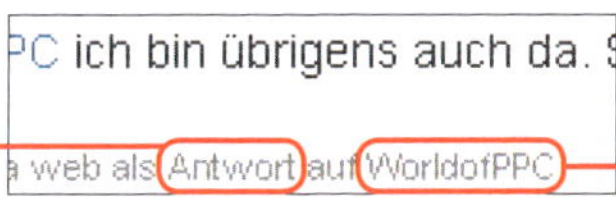

kann der ursprüngliche Beitrag rasch wieder aufgerufen werden.

Einen Beitrag zitieren

Wie im Internet ist auch die Zahl der Twitter-Seiten mittlerweile nahezu unüberschaubar. Die Kommunikation über Twitter lebt davon, dass Nachrichten, die man selbst gefunden hat, an die eigenen Follower weitergibt. Dieser Vorgang nennt sich „Retweeten" (grob übersetzt: „wieder tweeten").

1 Bewegen Sie den Mauszeiger wieder auf den gewünschten Beitrag, wie in

Einen Beitrag thematisch zuordnen: Hashtags

Befindet man sich auf einer Veranstaltung, einer Messe oder einer anderen Ansammlung von potentiellen Twitter-Benutzern, dann bietet es sich an, die Beiträge thematisch zuzuordnen. Die meisten Veranstalter geben dazu ein sogenanntes „Hashtag" (zusammengesetzt aus dem englischen Namen für das Zeichen „#" und dem englischen Wort für „Markierung") aus. Ein solches Hashtag kann den Nachrichten, die sich mit der Veranstaltung beschäftigen, am Ende hinzugefügt werden. Es wird im Beitrag dann blau gekennzeichnet, im Beispiel ●.

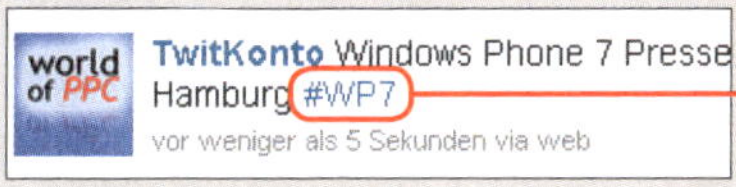

Wenn Sie den Mauszeiger über ein solches Hashtag bewegen und es dann anklicken, werden alle aktuellen Nachrichten, die es enthalten, in einer Liste angezeigt:

Sollten Sie selbst einmal eine Veranstaltung ausrichten, dann teilen Sie den Teilnehmern unbedingt ein Hashtag mit, das diese verwenden können: Durch die Zahl derjenigen, die Beiträge Ihrer Besucher lesen, werden viel mehr Personen auf die Veranstaltung aufmerksam, als würden Sie „normale" Werbung machen.

Schritt 1 des vorigen Abschnitts gezeigt. Neben dem Beitrag erscheinen dann zwei Schaltflächen, mit denen Sie auf einen Beitrag reagieren können. Wenn Sie hier auf ●

klicken, werden Sie von Twitter gefragt, ob Sie den Beitrag tatsächlich zitieren wollen. Klicken Sie auf ●, um dies zu bestätigen, oder auf ●,

um den Vorgang abzubrechen.

2 In Ihren eigenen Beiträgen erscheint der zitierte Tweet nun nicht unter Ihrem eigenen Namen, sondern unter dem des ursprünglichen Autors, etwa ●. Unterhalb des Beitrags findet sich dann noch ein Verweis, dass Sie derjenige waren, der ihn zitiert hat: ●.

Eine direkte Nachricht schreiben

Vielleicht kennen Sie die Situation: Sie sind auf einer Messe, schauen sich die Twitter-Beiträge in der Nähe (siehe Seite 27) an oder alle, die das entsprechende Hashtag haben (siehe Seite 29), und stellen plötzlich fest, dass ein Bekannter ebenfalls auf der Messe ist. Sie haben dessen Telefonnummer nicht? Kein Problem, offensichtlich twittert er von der Messe. Dann schicken Sie ihm doch einfach eine direkte Nachricht!

1 Auch wenn Twitter eine öffentliche Kommunikationsplattform ist, sind direkte Nachrichten nur für Sie und den Empfänger sichtbar. Um von Anfang klarzumachen, dass Sie eine Direktnachricht schreiben wollen, beginnen Sie die Nachricht mit einem „D" ●,

gefolgt vom Namen des Benutzers, an den die Direktnachricht gehen soll. Anhand dieser Kombination von Eingaben erkennt Twitter selbstständig, dass es sich um eine direkte Nachricht handelt.

2 Schreiben Sie Ihren Text, und verschicken Sie die Direktnachricht mit einem Klick auf

.

3 Wenn der Empfänger die Standardeinstellungen für die Benachrichtigungen (siehe Seite 18/19) unverändert gelassen hat, wird er nun per **E-Mail** über den Eingang der Nachricht informiert. Außerdem findet sich auf seiner Twitter-Seite ein direkter Hinweis, den er nur anklicken muss: ●.

Auf diesem Wege erfolgt eine praktische Direktkommunikation zwischen twitternden Benutzern, die dann schnell zu einer Begegnung im echten Leben führen kann.

Beiträge löschen

Ein Twitter-Beitrag ist schnell geschrieben - und das führt manchmal dazu, dass er nicht vollkommen durchdacht ist. So mancher Twitter-Benutzer hat sich im spontanen Ärger schon mal negativ über die Arbeitsstelle oder den Chef geäußert und einige Minuten später die Wortwahl bereut. In einem solchen Fall sollte man den Beitrag einfach löschen.

1 Rufen Sie Ihre Twitter-Seite auf, melden Sie sich an, und bewegen Sie den Mauszeiger auf den Beitrag, der gelöscht werden soll. Durch die Mausposition wird der Beitrag wieder etwas dunkler angezeigt als die anderen in der Liste.

2 Unten rechts taucht jetzt eine Schaltfläche zum Löschen des Beitrags auf:

Klicken Sie einfach darauf.

3 Twitter lässt sich von Ihnen noch einmal bestätigen, dass Sie die Nachricht wirklich löschen wollen, denn dieser Vorgang kann nicht rückgängig gemacht werden. Wenn Sie dies möchten, klicken Sie auf ●, andernfalls auf ●.

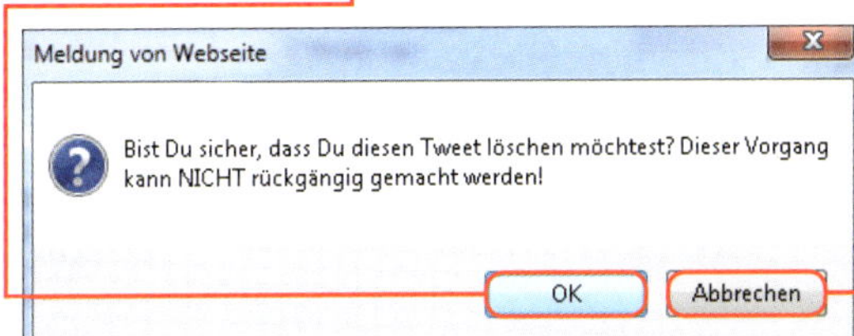

Verknüpfungen zu Internetseiten und Bilder twittern

Das Schreiben von reinen Textnachrichten ist nur ein Teil der Informationen, die Sie übermitteln wollen. Sei es eine fremde Internetseite, sei es eine eigene Produktseite oder Bilder - all dies lässt sich nicht in reinem Text unterbringen. Wohl aber in einem Twitter-Beitrag!

Internetseiten aufnehmen

Internetadressen sind oft lang, und bei der Beschränkung auf 140 Zeichen, die Twitter vorgibt, würden diese viel zu viel Platz wegnehmen. Um diese Herausforderung zu meistern, gibt es im Internet spezielle Dienste, die **Internetadressen** kostenlos verkürzen und damit den verbleibenden Platz für Ihre Beiträge vergrößern. Exemplarisch wird hier „TinyURL" vorgestellt, andere Dienste funktionieren aber vergleichbar.

1 Starten Sie Ihren Internet Explorer, und surfen Sie zu der **Internetseite**, die Sie interessiert. Bei der Navigation ändert sich automatisch die Internetadresse in der Adresszeile, im Beispiel ●.

2 Als Erstes müssen Sie die Adresse markieren und kopieren. Klicken Sie dazu doppelt, also zweimal kurz hintereinander in die Adresszeile, damit die Adresse blau hinterlegt und somit markiert wird.

Drücken Sie anschließend die Tastenkombination [Strg] und [C], um die Adresse in die Zwischenablage zu kopieren und von dort aus weiter verwenden zu können.

3 Rufen Sie nun im Internet Explorer die Seite von TinyURL auf, indem Sie in die Adresszeile **http://www.tinyurl.com** eingeben. In der geöffneten Seite klicken Sie dann in das Eingabefeld ●.

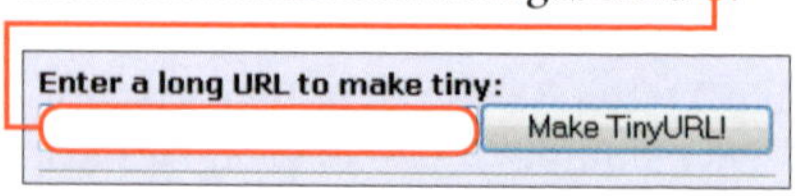

Um die zu kürzende Adresse aus der Zwischenablage in das Eingabefeld einzufügen, brauchen Sie jetzt nur noch die Tastenkombination [Strg] und [V] zu drücken.

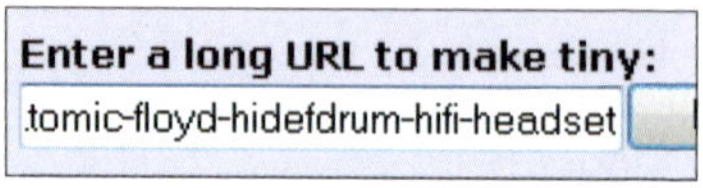

4 Damit die Adresse gekürzt wird, klicken Sie auf die Schaltfläche

.

Das Ergebnis der Kürzung zeigt Ihnen TinyURL nun direkt an: Hier ● steht die ursprüngliche Adresse, hier ●

die gekürzte Adresse.

5 Als Nächstes bewegen Sie den Mauszeiger auf die Verknüpfung ●

und klicken dann mit der *rechten* Maustaste. Klicken Sie anschließend im sich öffnenden Kontextmenü auf den Befehl ●.

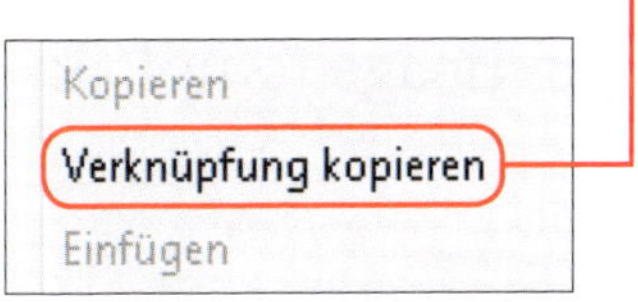

Daraufhin wird die gekürzte Adresse in die **Zwischenablage** kopiert.

6 Schreiben Sie nun einen neuen Beitrag, wie auf Seite 25 gezeigt. An der Stelle, an der der Verweis auf die Internetseite eingefügt werden soll, drücken Sie die Tastenkombination [Strg] und [V]. Daraufhin wird die gekürzte Adresse in den Tweet eingefügt.

Schicken Sie die Nachricht mit einem Klick auf ● ab.

Bilder twittern

Die Beschreibung eines Gegenstandes, eines Ereignisses oder einer Veranstaltung in reiner Textform liefert zwar Informationen, ist häufig aber weit weniger eindrucksvoll als ein Bild davon. Twitter selbst bietet zwar keine Möglichkeit, Bilder zu hinterlegen, es gibt aber einige Dienste im Internet, die diese Aufgabe übernehmen.

„Twitpic" (abgekürzt aus **Twit**ter **Pic**ture = Twitter-Bild) ist so eng mit Twitter selbst verknüpft, dass sogar die Anmeldedaten dieselben sind.

1 Rufen Sie zunächst die Internetseite von TwitPic auf, indem Sie die Adresse **http://www.twitpic.com** in die Adresszeile Ihres Browsers eintragen und mit der [↵]-Taste bestätigen.

2 Um zur Twitter-Anmeldung weitergeleitet zu werden, klicken Sie dann auf die Schaltfläche

.

Daraufhin nimmt TwitPic automatisch Verbindung zu Twitter auf. Wenn Sie noch mit Ihrem Twitter-Konto angemeldet sind, müssen Sie sich nicht erneut anmelden. Andernfalls melden Sie sich, wie auf Seite 12 beschrieben, mit Ihrem Benutzernamen und Passwort für Twitter an.

3 Damit Twitpic Zugriff auf Ihr Twitter-Konto erhält, klicken Sie dann auf die Schaltfläche ●. Sollten Sie dies mit einem Mausklick auf ●

ablehnen, können Sie allerdings auch keine Bilder hochladen. Twitpic quittiert Ihre erfolgreiche Anmeldung mit einer Willkommensnachricht.

Bestätigen Sie diese per Klick auf

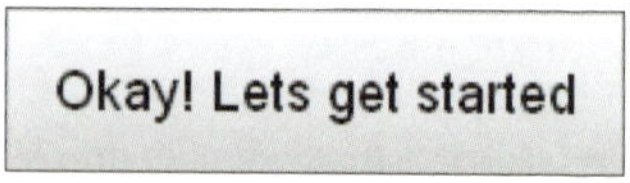

.

4 Um ein Foto zusammen mit einem neuen Twitter-Beitrag zu veröffentlichen, klicken Sie als Erstes auf

und danach auf den Befehl ●.

Suchen Sie das gewünschte Bild wie gewohnt heraus, markieren Sie es per

Mausklick, im Beispiel,

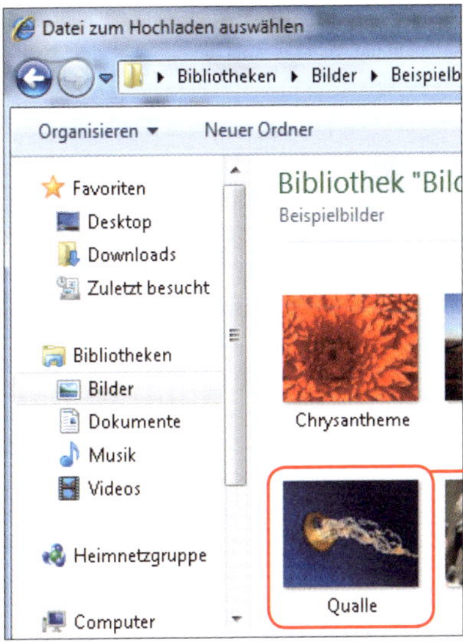

und klicken Sie anschließend auf den Befehl

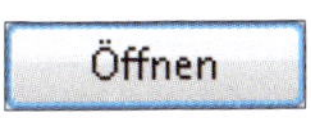

.

5 Danach klicken Sie auf und geben den Text Ihres neuen Twitter-Beitrags ein, der natürlich in Bezug zu dem soeben ausgewählten Bild stehen sollte.

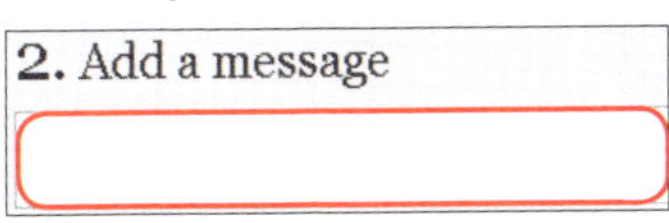

6 Zum Abschicken des Beitrags reicht ein Mausklick auf

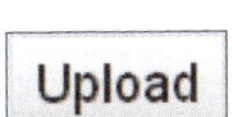

.

Eine Verknüpfung zum Bild auf Twitpic und der Text erscheinen jetzt als neuer Beitrag in Ihrem Twitter-Konto und sind für Ihre Besucher sichtbar. Ein Klick auf die Verknüpfung, etwa,

zeigt das Bild auf Twitpic an:

3 Ein XING-Konto anlegen und einrichten

Je länger man sich professionell in der Öffentlichkeit bewegt, desto mehr Bekanntschaften zu Menschen aus den verschiedensten Bereichen schließt man. In kurzer Zeit bildet sich so ein **Netzwerk** von Kontakten, dessen Wert nicht bezifferbar ist. Auch wenn man nicht regelmäßig im Kontakt miteinander steht: Sollte man zu einem bestimmten Thema Unterstützung benötigen, dann findet sich im eigenen Netzwerk meist jemand, der diese leisten kann.

Was aber, wenn nicht? Wie hilfreich wäre es, auf die Netzwerke von Mitgliedern des eigenen Netzwerks zugreifen zu können! Diese Idee verfolgt der Dienst XING, der als „OpenBC" (**O**pen **B**usiness **C**lub, offener Geschäfts-Club) in Deutschland startete. Der Name Xing ist Programm: Zum einen steht er als Abkürzung für das englische Wort „Crossing" (Kreuzung) und symbolisiert die Begegnung von Geschäftskontakten. Zum anderen ist „xing" auch das chinesische Wort für „es klappt", „es funktioniert".

Im dritten Kapitel dieses Buches erfahren Sie,

- wie Sie ein XING-Konto anlegen,
- wie Sie ihm einen passenden Namen geben,
- wie Sie sich mit Ihrem XING-Konto anmelden
- und wie Sie ein verlorenes Passwort ersetzen können.

Kapitel-Wegweiser

Ein XING-Konto erstellen

XING ist ein **Dienst**, der kein zusätzliches Programm auf Ihrem Rechner benötigt. Einzige Voraussetzungen sind ein Zugang zum Internet und ein XING-Konto, das Sie kostenlos anlegen und nutzen können.

XING aufrufen

XING ist technisch gesehen nichts anderes als eine **Internetseite**, auf der Sie Informationen eingeben können. Sie ist Ihr Anlaufpunkt für alle Aktionen, die Sie auf XING vornehmen. Auf der XING-Internetseite geben Sie die Informationen zu Ihrer Person ein, legen also Ihre digitale Visitenkarte an. Und so, wie andere dann auf Ihre personenbezogenen Daten wie Lebenslauf und berufliche Position zugreifen können, haben Sie auf der Internetseite von XING die Chance, neue Leute kennenzulernen und Kontakte zu knüpfen oder alte Bekannte wiederzutreffen. All dies geht ganz einfach direkt auf der Internetseite von XING. Die einzige und durchaus übliche Voraussetzung: Die XING-Internetseite muss aufgerufen werden, während Ihr Rechner eine Internetverbindung hat. Auch im Folgenden wird davon ausgegangen, dass Sie die aktuelle Betriebssoftware Windows 7 und den **Internet Explorer** von Microsoft verwenden. Aber selbstverständlich ist das Verfahren auf jedes andere **Betriebssystem** und Internetzugriffsprogramm übertragbar.

1 Öffnen Sie als Erstes das Startmenü, indem Sie auf

klicken, und wählen Sie dann den Eintrag

.

Daraufhin startet das Internetanzeigeprogramm.

2 Klicken Sie auf der Seite des Internet Explorers in die Adresszeile ●,

damit sie blau hinterlegt beziehungsweise markiert wird:

3 Nun brauchen Sie nur noch die Internetadresse ●

einzutippen und mit der ↵-Taste zu bestätigen. Anschließend wird die XING-Startseite im Internet geladen und in Ihrem Internetzugriffsprogramm dargestellt:

Ein neues XING-Konto anlegen

Um Ihr **Netzwerk** in XING aufbauen zu können, benötigen Sie ein XING-Konto, das schnell und komfortabel angelegt werden kann und darüber hinaus noch kostenlos ist.

1 Klicken Sie dazu auf der XING-Seite, die Sie im vorigen Schritt aufgerufen haben, auf

Registrieren .

Zur Anmeldung bei XING sind nur wenige Informationen nötig, die Sie im nun erscheinenden Fenster eingeben können. Klicken Sie auf ●, und tippen Sie Ihren Vornamen ein. Direkt darunter folgt Ihr Nachname ●.

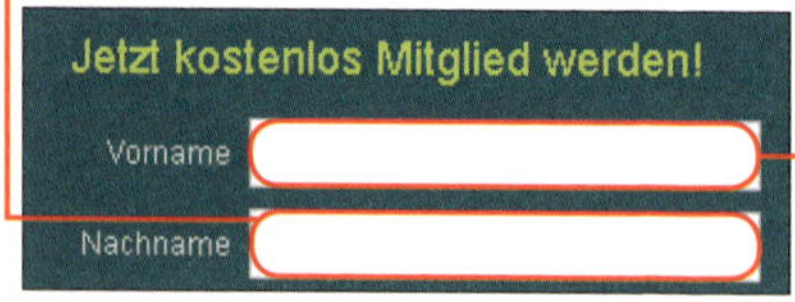

2 Die **E-Mail**-Adresse, die für alle Statusmeldungen, Benachrichtigungen und Kontaktversuche über XING verwendet werden soll, geben Sie hier ●

ein. Überlegen Sie sich dann ein Passwort, das Sie sich merken können, das für andere aber nicht leicht zu erraten ist, und tragen Sie es hier ● ein.

Echte Identitäten

Im Gegensatz zu Twitter und anderen hauptsächlich privat verwendeten Diensten ist es bei XING unerlässlich, seine echten Identitätsdaten einzugeben. Niemand wird sein Netzwerk einem „Dagobert Duck“ öffnen, den er nicht einzuordnen weiß und von dessen Kontakt er sich keine Bereicherung seines eigenen Netzwerks versprechen kann.
Bei der E-Mail-Adresse empfiehlt es sich, die private zu verwenden. Einen Arbeitgeber, die Firma oder den Verein wechselt man schnell einmal, Ihr Netzwerk aber ist an Sie als Person gebunden. Es wäre schade, wenn Sie wichtige Nachrichten nicht mehr verfügbar hätten, weil diese an die – nach einem Wechsel nicht mehr zugängliche – berufliche E-Mail-Adresse gehen.

3 Um die Allgemeinen Geschäftsbedingungen und die Datenschutzbedingungen von XING zu akzeptieren, setzen Sie per Mausklick in das Kästchen ● einen Haken. Zuvor können Sie sich die Bestimmungen mit je einem Klick auf ●

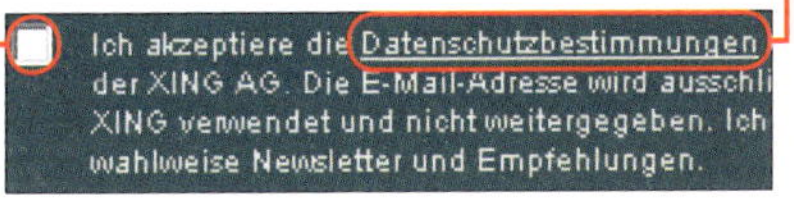

und daneben auf ● durchlesen.

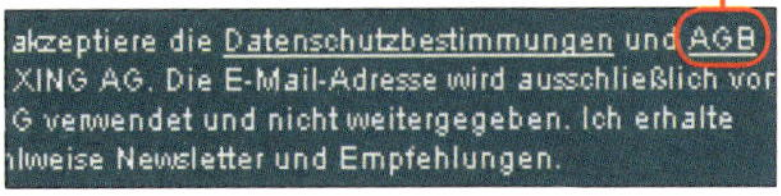

Schließen Sie die Registrierung ab, indem Sie auf

klicken. Das Absenden der Registrierungsdaten quittiert XING mit einer Meldung:

4 Zum Nachweis Ihrer Identität schickt Ihnen XING eine E-Mail an die von Ihnen in Schritt 2 eingegebene E-Mail-Adresse. Die folgende Beschreibung bezieht sich auf Microsoft Outlook, ist aber auch für andere E-Mail-Programme gültig. Im Posteingang sehen Sie nach dem Abfragen Ihrer neuen E-Mails eine E-Mail von XING:

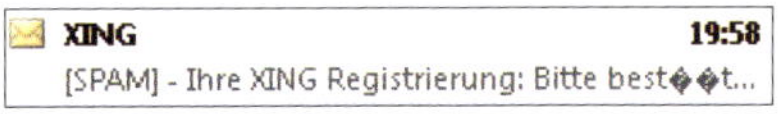

Wenn Sie sie öffnen, finden Sie darin eine blaue Verknüpfung ●.

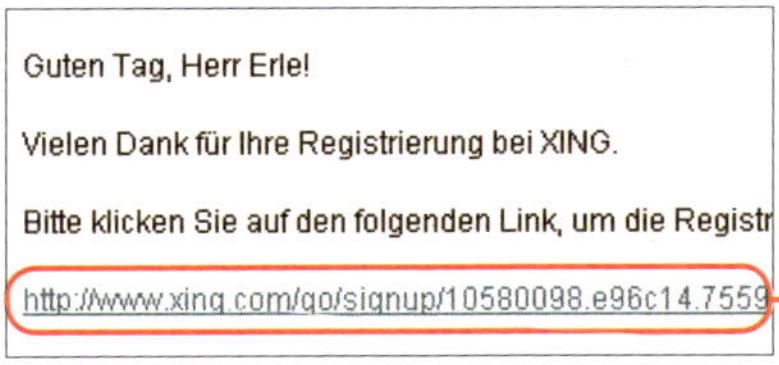

Nach einem Mausklick darauf wird die XING-Anmeldeseite geladen. Melden Sie sich an, wie auf Seite 44 beschrieben. Dann wird Ihr Konto automatisch aktiviert, und XING weiß, dass Sie derjenige waren, der das Konto angelegt hat, und dass Sie damit berechtigt sind, es zu nutzen.

Die wichtigsten Profildaten eingeben

Die Suche nach Personen auf XING kann über verschiedene Suchbegriffe erfolgen (siehe Seite 70). Darum ist es wichtig, dass Sie möglichst viele Informationen zu sich selbst eingeben. Nachdem Sie in der Willkommens-E-Mail auf den Bestätigungs-Link von XING geklickt haben, werden Sie als Erstes aufgefordert, die wichtigsten Daten einzutragen.

1 Wählen Sie die richtigen Anrede aus, indem Sie auf ● oder auf ●

klicken. Öffnen Sie dann per Mausklick auf das kleine Dreieck ●

eine Liste, und legen Sie darin Ihren aktuellen Berufsstatus fest. Wenn dieser nicht ganz exakt in der Liste vorkommt, wählen Sie denjenigen, der am ehesten zutrifft.

2 Anschließend geht es um Ihre Stellenbeschreibung. Klicken Sie in das entsprechende Feld, und tragen Sie möglichst genau ein, als was Sie tätig sind, im Beispiel ●.

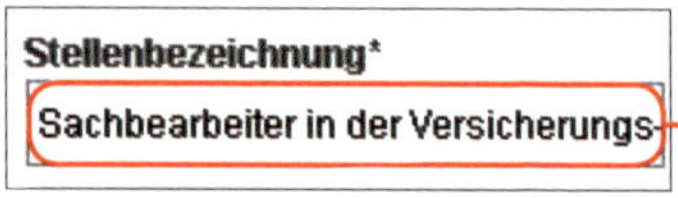

Die Stellenbeschreibung wird unter anderem als Ausgangspunkt für Empfehlungen anderer Kontakte genommen. Es ist deshalb wichtig, möglichst exakt zu sein. „Sachbearbeiter" mag zwar richtig sein, „Sachbearbeiter in Versicherungs-Schadenannahme" ist aber deutlich informativer und für automatische Kontakt-Vorschläge von XING für Ihr Netzwerk besser geeignet.

3 Nun geben Sie den Namen Ihres Unternehmens exakt in der offiziellen Schreibweise ein, im Beispiel ●.

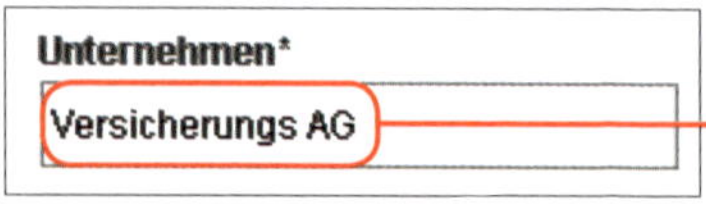

Als Nächstes geht es um Ihre Branche. Die Branche ist für XING wichtig, um Ihnen später Experten und Fachgruppen aus dem für Sie zutreffenden Bereich vorschlagen zu können und um Sie über Branchen-Events informieren zu kön-

Exaktheit und Detailreichtum

Denken Sie immer daran: XING ist ein professionelles Netzwerk, darin haben Lockerheit und Umgangssprachlichkeit nichts zu suchen. Achten Sie darauf, dass Sie Firmennamen, Stellenbezeichnungen etc. ganz exakt eingeben. Auch ein „&" statt eines „+" im Firmennamen kann dazu führen, dass mögliche Kontakte Sie nicht finden.

nen. Klicken Sie also auf ●, und wählen Sie in der sich öffnenden Liste die Branche aus, die am ehesten auf Ihr Unternehmen zutrifft. Sollte Ihre Branche nicht auf Anhieb sichtbar sein, klicken Sie auf die Bildlaufleiste ●,

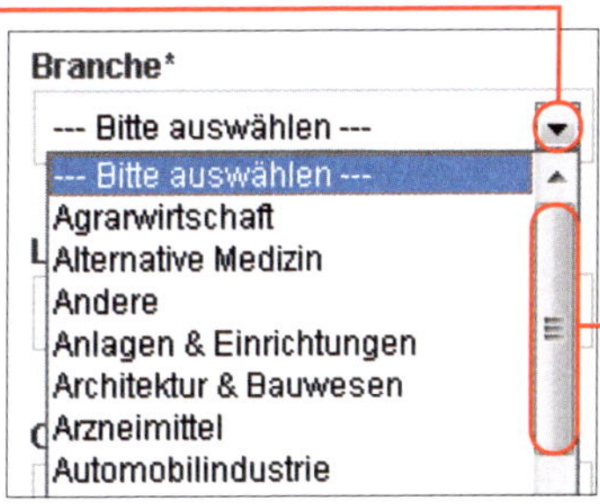

halten die Maustaste gedrückt und ziehen das Feld mit weiterhin gedrückter Maustaste nach unten, damit weitere Einträge in der Liste auftauchen.

4 Das Land, in dem Sie tätig sind, ist für XING ebenfalls wichtig. Denn nur mit dieser Angabe kann XING Ihnen geeignete Vorschläge für Kontakte oder Veranstaltungen machen. Öffnen Sie die entsprechende Auswahlliste per Klick auf ●, und markieren Sie mit einem weiteren Mausklick den richtigen Eintrag, etwa ●.

Anschließend tippen Sie im dafür vorgesehenen Feld den Ort ein, an dem sich Ihre Firma befindet, im Beispiel ●.

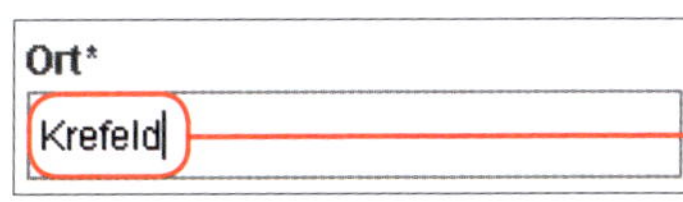

5 XING ist zwar in erster Linie ein Netzwerk von Kontakten und keine **Jobbörse**. Trotzdem kann Ihnen XING Vorschläge für Ihre Karriere machen. Damit nur Personalvermittler sehen können, dass Sie an „Karrierechancen" (ein anderes Wort für Stellenangebote) interessiert sind, klicken Sie auf ●. Wenn Sie nichts dagegen haben, dass jeder diese Information sehen kann, klicken Sie stattdessen auf ●.

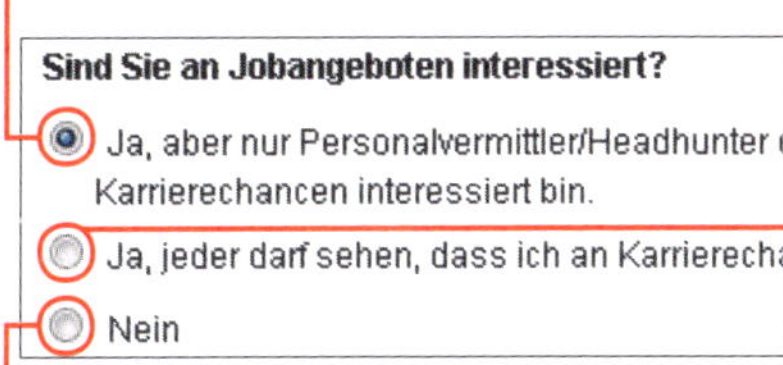

Und um diese Information gar nicht anzuzeigen, genügt ein Klick auf ●.

6 Bestätigen Sie Ihre Eingaben, indem Sie abschließend auf den Befehl ● klicken.

Die Mitgliedschaft auswählen

XING ist ein kostenloser Dienst, der aber natürlich auch finanziert werden will. Deshalb wird neben der kostenfreien „Basis"-Mitgliedschaft auch eine kostenpflichtige „Premium"-Mitgliedschaft angeboten, die einige zusätzliche Funktionen beinhaltet: So können beispielsweise direkte Nachrichten zwischen Mitgliedern ausgetauscht werden, die für keinen anderen als Sender und Empfänger sichtbar sind. Zudem können Premium-Mitglieder sehen, wer ihr Profil angesehen hat, die Firma gewechselt oder eine neue Position angenommen hat etc. Nach dem ersten Anlegen eines neuen Profils und der Anmeldung gelangen Sie automatisch auf den Auswahlbildschirm.

XING ist auch öffentlich!

Auch wenn XING ein in sich abgeschlossenes Netzwerk und somit nicht für Suchmaschinen wie Google durchsuchbar ist: Als angemeldeter Nutzer von XING kann man eine Vielzahl Ihrer Angaben sehen (wie man die sichtbaren Informationen festlegt, lesen Sie auf Seite 60/61). Wenn Sie also beispielsweise Interesse an Jobangeboten kundtun, kann dies auch einen gegenteiligen Effekt haben: Sieht Ihr Chef Ihr Interesse an einem neuen Job, dann kann er daraus schließen, dass Sie mit Ihrem aktuellen nicht zufrieden sind. Das kann Ihnen Karrierechancen im eigenen Unternehmen schnell verbauen. Geben Sie also nur Informationen preis, die Sie wirklich veröffentlichen möchten und die für alle sichtbar sein sollen!

1 Um die kostenlose Basis-Mitgliedschaft zu wählen, klicken Sie hier auf ●. Falls Sie sich für die Premium-Mitgliedschaft entscheiden, klicken Sie hingegen auf ●.

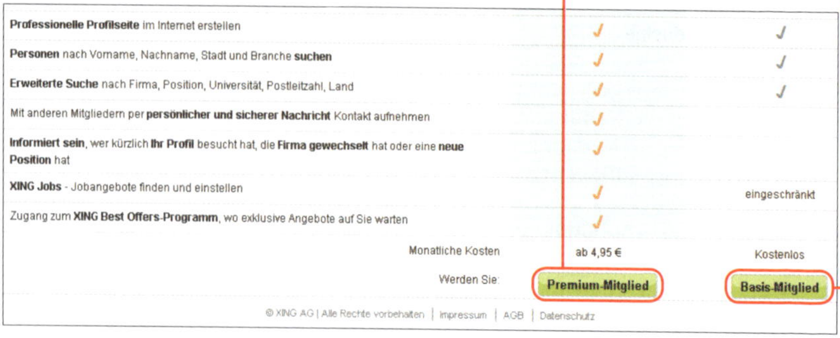

Professionelle Profilseite im Internet erstellen	✓	✓
Personen nach Vorname, Nachname, Stadt und Branche **suchen**	✓	✓
Erweiterte Suche nach Firma, Position, Universität, Postleitzahl, Land	✓	✓
Mit anderen Mitgliedern per **persönlicher und sicherer Nachricht** Kontakt aufnehmen	✓	
Informiert sein, wer kürzlich **Ihr Profil** besucht hat, die **Firma gewechselt** hat oder eine **neue Position** hat	✓	
XING Jobs - Jobangebote finden und einstellen	✓	eingeschränkt
Zugang zum **XING Best Offers-Programm**, wo exklusive Angebote auf Sie warten	✓	
Monatliche Kosten	ab 4,95 €	Kostenlos
Werden Sie:	Premium-Mitglied	Basis-Mitglied

© XING AG | Alle Rechte vorbehalten | Impressum | AGB | Datenschutz

2 Wenn Sie die Premium-Mitgliedschaft ausgewählt haben, müssen Sie im nachfolgenden Fenster die Dauer der Mitgliedschaft festlegen (wie so oft gilt auch hier: Je länger Sie buchen, desto geringer ist der Monatsbeitrag). Um beispielsweise eine einjährige Mitgliedschaft zu beantragen, klicken Sie auf ●.

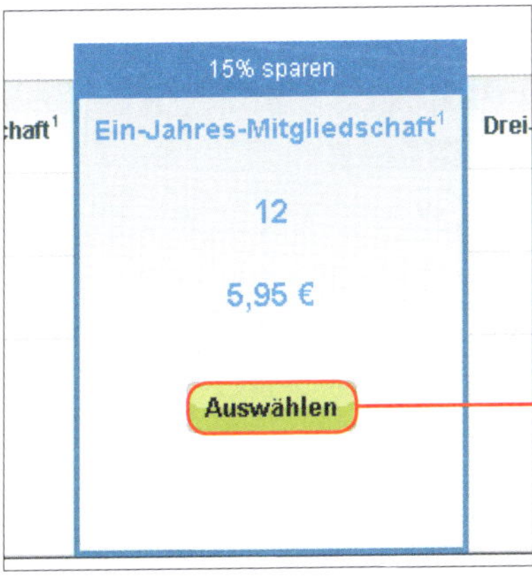

Geben Sie anschließend wie gewohnt die Zahlungsweise, Ihre Rechnungsadresse etc. ein.

3 XING selbst geht davon aus, dass die Basis-Mitgliedschaft „für Netzwerk-Einsteiger" geeignet ist. Und die Erfahrung zeigt, dass viele Anwender erst einmal ausprobieren, welchen Nutzen sie aus XING ziehen, und erst dann zur Premium-Mitgliedschaft wechseln. Wenn Sie dies später tun möchten, können Sie in Ihrem Profil (siehe Seite 46) auf ●

klicken und sich dann für die Premium-Mitgliedschaft anmelden.

Anmelden und Bearbeiten der Kontoinformationen

Die in Ihrem XING-Konto gespeicherten Informationen sind insofern geschützt, als sie nur für angemeldete Mitglieder zu sehen sind. Um den Nutzen von XING zu optimieren, sollte das persönliche Ziel möglichst ganz klar sein.

Umso wichtiger aber ist es, auch genau festzulegen, welche der Informationen für wen sichtbar sind. Im Folgenden wird Ihnen zum einen gezeigt, wie Sie Ihre eigenen Profildateien vervollständigen, und zum anderen, wie Sie Ihre Privatsphäre schützen. Denn welche Informationen öffentlich und welche nur für ausgesuchte Mitglieder sichtbar sind, können Sie selbst bestimmen.

Am XING-Konto anmelden

Um Ihr Netzwerk aufbauen, bearbeiten und erweitern zu können oder um Einstellungen an Ihrem Profil vornehmen zu können, müssen Sie sich quasi ausweisen: durch die Anmeldung an Ihr XING-Konto. Mit Ihrer E-Mail-Adresse und Ihrem Kennwort weisen Sie nach, dass Sie wirklich Sie sind.

1 Rufen Sie die XING-Seite auf, wie auf Seite 37 beschrieben, und klicken Sie dann auf ●. Tippen Sie die **E-Mail**-Adresse, die Sie zur Anmeldung bei XING verwendet haben, ein. Rechts daneben ●

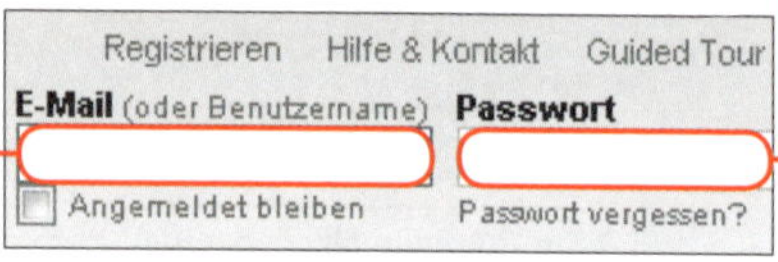

gehört das Passwort Ihres XING-Kontos.

2 Wenn Sie möchten, dass Ihr Passwort auf dem Rechner, an dem Sie gerade sitzen, gespeichert bleibt, klicken Sie auf ●.

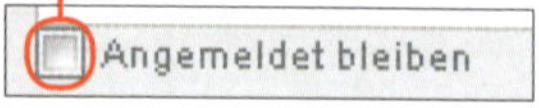

Dies sollten Sie aber nur dann tun, wenn Sie den Rechner tatsächlich alleine benutzen. Durch diese Einstellung wird die Kombination aus Ihrem Benutzernamen und dem dazugehörigen Passwort auf der **Festplatte** Ihres Rechners abgelegt, sodass diese nicht erneut eingegeben werden müssen. Doch Vorsicht: Damit kann jeder, der auf Ihren PC zugreifen kann, in Ihrem Namen XING benutzen.

3 Zur Beendigung der Anmeldung reicht ein Mausklick auf die Schaltfläche

.

Ein neues Passwort anfordern

Wenn Sie dieses Buch durch haben, werden Sie wahrscheinlich drei neue Dienstkonten besitzen – und damit drei neue Benutzernamen und Passwörter. Da kann es schnell einmal passieren, dass Sie ein Passwort vergessen. Bei XING kein Problem:

1 Rufen Sie die Anmeldeseite auf, wie im vorigen Abschnitt gezeigt, und klicken Sie dann auf ●.

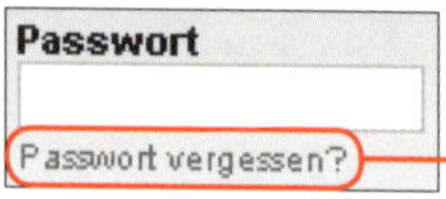

2 Im Fenster, das nun erscheint, tippen Sie in das dafür vorgesehene Eingabefeld ●

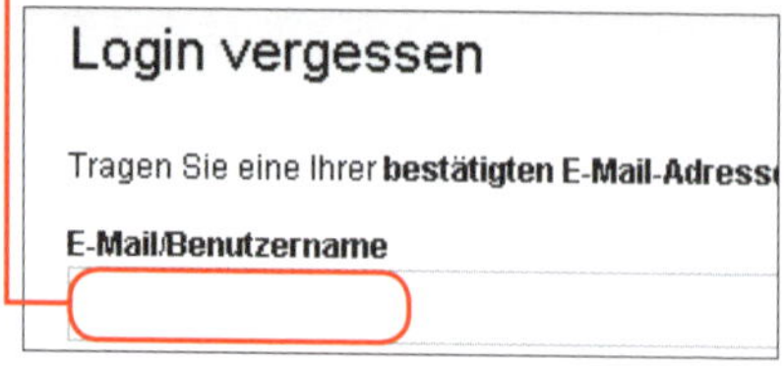

wie gewohnt Ihre E-Mail-Adresse ein, denn diese ist ja neben Ihrem Benutzernamen für Ihr XING-Konto bezeichnend, für Sie aber gleichzeitig auch am einfachsten zu behalten.

3 Schließen Sie die Anforderung eines neuen Passworts per Mausklick auf den Befehl

Absenden

ab. XING schickt Ihnen daraufhin eine E-Mail mit einem Link, unter dem Sie ein neues Passwort eingeben können.

4 Starten Sie wieder Ihr E-Mail-Programm, und fragen Sie Ihre neuen E-Mails ab. Nach kurzer Zeit werden Sie eine E-Mail von XING in Ihrem Posteingang finden. Öffnen Sie die Nachricht mit einem **Doppelklick** auf den Betreff ●.

5 Um auf die XING-Seite für die Vergabe eines neuen Passworts zu gelangen, klicken Sie in der E-Mail jetzt einfach auf den Link ●.

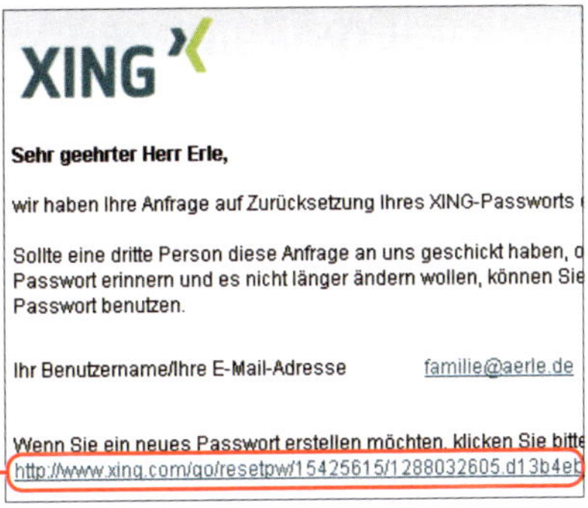

6 Tippen Sie hier ● ein neues Passwort ein, und wiederholen Sie es zur Sicherheit noch einmal im Feld darunter: ●.

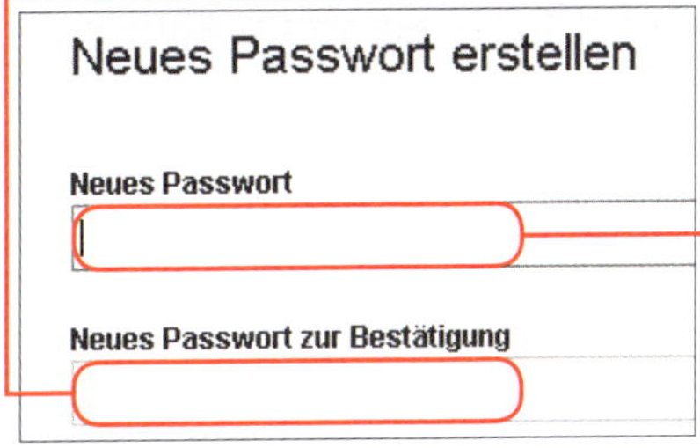

Bestätigen Sie die Passwortänderung per Mausklick auf

Speichern.

7 Damit Sie direkt wieder zum Anmeldebildschirm weitergeleitet werden und sich mit Ihrem neuen Passwort anmelden können, klicken Sie dann auf ●.

Profilinformationen vervollständigen

Ihr wichtigstes Kapital in XING sind Sie selbst: Ihre Person, Ihre Interessen, Auszeichnungen, Qualifikationen - all dies spielt bei XING eine Rolle, um Ihnen möglichst die optimalen Kontakte zu vermitteln und Ihre eigenen Kontakte zu komplettieren. Eine entscheidende Voraussetzung ist natürlich, dass Sie Ihre Daten so vollständig wie möglich und so genau wie möglich eingegeben haben.

XING sammelt alle Ihre Informationen im sogenannten „Profil". Wie bei einer Partnervermittlung werden darin in unterschiedlichen Kategorien alle Ihre Informationen gesammelt und können so mit den Angaben anderer XING-Nutzer verglichen werden. Keine Sorge: XING behandelt Ihre Daten vertraulich, und nur wenn Sie es wollen, werden diese an andere Benutzer weitergegeben.

1 Melden Sie sich auf XING an. Daraufhin wird Ihre ganz persönliche (und am Anfang noch recht unpersönliche) XING-Startseite angezeigt.

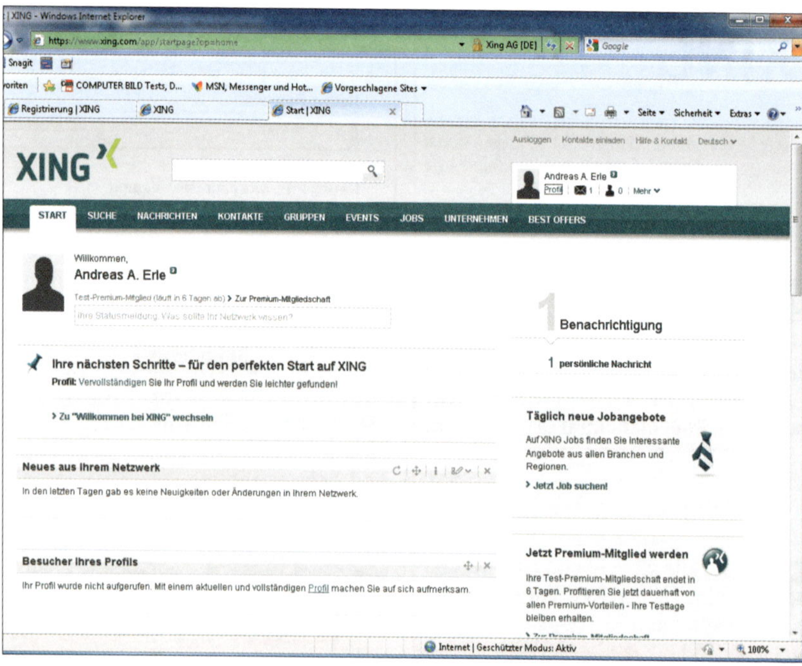

2 Oben rechts im Fenster sehen Sie einen Bereich, in dem Sie alle wichtigen Informationen rund um Ihr Konto finden. Hier ● steht die Zahl der eingegangenen Nachrichten, die Sie von anderen Benutzern bekommen haben (siehe Seite 78), und hier ●

die Zahl der Kontakte, die Sie bereits Ihrem Netzwerk hinzugefügt haben (siehe Seite 67). Wenn Sie jetzt mehr Informationen über sich selbst eingeben wollen, klicken Sie auf ●,

um Ihr Profil zu öffnen.

3 Im Profilfenster zeigt Ihnen XING auf der linken Seite eine virtuelle Kontaktkarte an, die wie eine Visitenkarte Ihre wichtigsten Informationen enthält, im Beispiel ●.

Rechts davon können Sie sehen, wie viele Infos Ihr Profil aktuell enthält, etwa ●.

Je näher der angezeigte Prozentsatz an 100 liegt, desto weniger Informationen fehlen noch, und desto mehr haben Sie bereits eingegeben.

Einstellen des Profilfotos

Das Internet ist anonym. XING aber versucht, auf professioneller Ebene echte Personen miteinander in Verbindung zu bringen. Was schafft mehr Vertrauen, als das Gesicht eines Kontaktes zu kennen? XING bietet Ihnen daher die Möglichkeit, Ihrem Profil ein Bild hinzuzufügen.

1 Wechseln Sie, wie in der linken Spalte beschrieben, in die Einstellungen für Ihr Profil. Klicken Sie dann auf ●,

,

um ein Kontaktbild von Ihrer Festplatte auszuwählen.

Professionalität und Wirkung

Machen Sie sich beim Hochladen des Profilbildes Gedanken darüber, was Sie mit Ihrer XING-Mitgliedschaft erreichen wollen. Als Arbeitnehmer, der XING als Referenzliste verwenden will und vielleicht sogar auf Stellenangebote hofft, sollten Sie ein klassisches Bewerbungsfoto verwenden. Als Firma, die beispielsweise im Event-Bereich tätig ist, können Sie durchaus auch im Hawaii-Hemd auftreten … Als Berater wiederum wäre eher ein klassisches Aussehen angeraten. Das Erste, was einem Besucher Ihres Profils ins Auge fällt, ist das Bild. Keines zu haben, wirkt unprofessionell, ein unangemessenes zu verwenden, ist allerdings auch nicht viel besser.

2 Im Fenster, das sich nun öffnet, klicken Sie für die Auswahl auf die Schaltfläche .

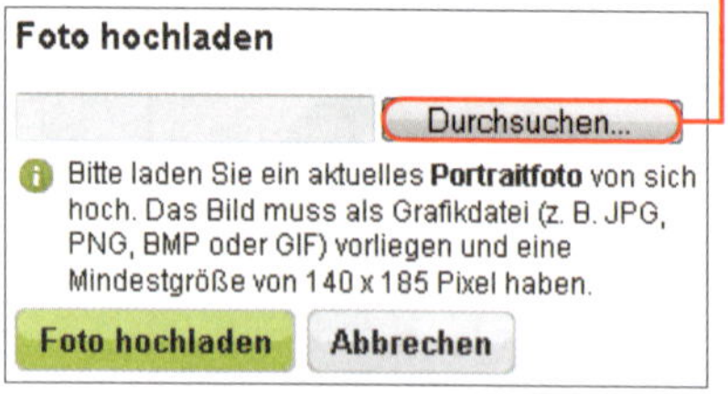

Das Bild muss in einem der Standardformate JPG, BMP, GIF oder PNG vorliegen und mindestens 140 x 185 Pixel groß sein. Es sollte ein Porträt sein, auf dem nur Ihr Kopf bis zu den Schultern zu sehen ist.

3 Suchen Sie das gewünschte Bild, markieren Sie es per Mausklick, im Beispiel ,

und bestätigen Sie Ihre Entscheidung mit einem Klick auf

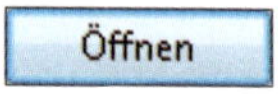

.

4 Anschließend übertragen Sie das Bild in Ihr XING-Profil, indem Sie auf die Schaltfläche

klicken. Am unteren Bildschirmrand findet sich während des Hochladens ein kleiner Balken ,

der immer grüner wird, je weiter das Hochladen des Bildes fortgeschritten ist. Je nach Größe des Bildes kann das Hochladen einige Minuten dauern.

5 Nach erfolgreichem Abschluss wird Ihr neues Profilbild in der Visitenkarte dargestellt (siehe Schritt 3 des vorigen Abschnitts). Sollten Sie nun unsicher sein, klicken Sie auf , um das Bild zu löschen und keines zu verwenden, oder auf ,

um den Vorgang erneut zu starten und ein anderes Profilbild auszuwählen.

Interessen hinzufügen

Wenn Sie bei XING Mitglied werden, so geschieht dies ja meist nicht aus reinem Spaß an der Technik, sondern weil Sie anderen Mitgliedern etwas anbieten wollen oder von diesen etwas erhalten möchten. Seien es nun Kontakte, Informationen, Dienstleistungen oder was auch immer: Der Austausch klappt nur, wenn Sie solche Information auch in Ihr Profil stellen.

1 Melden Sie sich wie gewohnt an Ihrem XING-Konto an, und wechseln Sie in die Profil-Einstellungen. Unter Ihrer virtuellen Visitenkarte sehen Sie einen Registerreiter, den Sie nun anklicken müssen: .

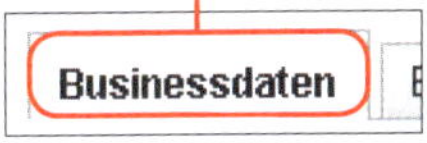

2 Darunter befindet sich eine Liste für persönliche Informationen. Hinter verbergen sich alle Dienstleistungen und Wünsche, die Sie selber an XING-Mitglieder haben (zum Beispiel Kontakte, Aufträge etc.). Direkt darunter können Sie angeben, was Sie selber bieten, zum Beispiel Erfahrungen in bestimmten Bereichen, Unterstützung, die Sie anderen Mitgliedern bieten, etc.

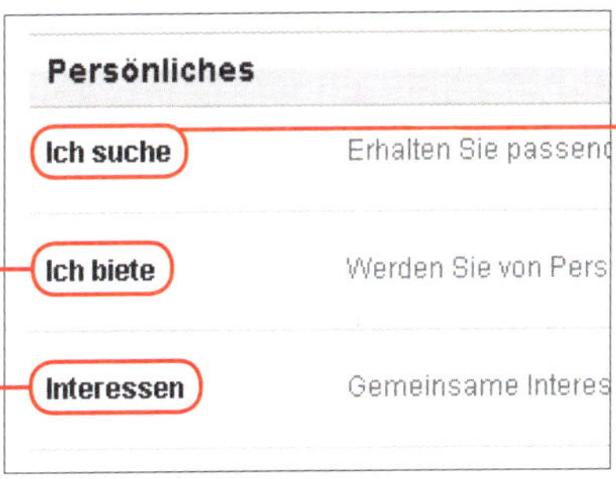

Unter können Sie allgemeine Interessen angeben wie Musik, Freizeitgestaltung etc. Dieses Thema steht normalerweise nicht im Zusammenhang mit dem Austausch von Informationen in XING, hilft aber, Gleichgesinnte zu finden.

Mit einem Mitglied, das ebenfalls Rockmusik mag, kommt man leichter ins Gespräch und kann dann über dieses gemeinsame Interesse auf die beruflichen Themen kommen.

Und wenn Sie Mitglied in einem Berufsverband oder Verein sind, dann können Sie diesen hier ● eingeben.

3 Damit Sie zu einem der Oberbegriffe Informationen eintragen können, klicken Sie einfach direkt rechts daneben auf die Schaltfläche

.

4 Unmittelbar danach öffnet sich das dazugehörige Eingabefeld, im Beispiel unterhalb von „Ich suche“: ●.

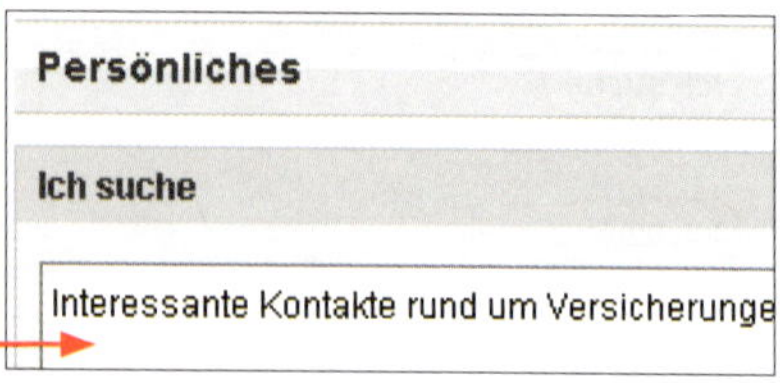

Hier können Sie jetzt alles eingeben, was Ihnen einfällt. Unterschiedliche Begriffe müssen durch ein Komma voneinander getrennt werden. So würde beispielsweise die Eingabe von „Lebensversicherung, Altersvorsorge“ dazu führen, dass sowohl ein Mitglied, das nach „Lebensversicherung“ sucht, Sie findet, als auch eines, das nach „Altersvorsorge“ sucht. Würden Sie stattdessen „Lebensversicherung und Altersvorsorge“ eingeben, dann müsste der Suchende auch beide Begriffe zusammen eingeben, um Sie zu finden.

! Sorgfalt ist gefragt

Achten Sie besonders darauf, dass Sie sich nicht vertippen, denn die Begriffe der anderen Mitglieder und die von Ihnen eingegebenen Begriffe werden miteinander abgeglichen, und „Lebensversicherung“ ist für den Rechner, der diesen Vergleich durchführt, etwas anderes als „Lebenversicherung“.

5 Speichern Sie die Eingaben, indem Sie auf ● klicken. Falls Sie sich anders entscheiden und Ihre Eingaben doch lieber nicht abschicken wollen, genügt ein Klick auf ●.

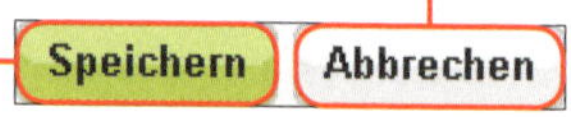

Von Eingabe zu Eingabe wird Ihr XING-Profil immer vollständiger, was Sie auch in der Anzeige auf Ihrer Statusseite sehen können.

Karrierestationen eingeben

Neben den Interessen, die Sie im vorigen Abschnitt eingegeben und damit den anderen XING-Mitgliedern kundgetan haben, spielt natürlich auch Ihre Berufserfahrung eine wichtige Rolle: Je erfahrener Sie in Ihrem Bereich sind, desto interessanter werden Sie für potentielle Kontakte.

1 Melden Sie sich wie gewohnt an Ihrem XING-Konto an, und wechseln Sie in die Profil-Einstellungen. Damit Sie dort die Rubrik „Berufserfahrung“ finden, klicken Sie am rechten Bildschirmrand in der Bildlaufleiste auf den Rollbalken ●, halten die Maustaste gedrückt und ziehen das Feld mit weiterhin gedrückter Maustaste nach unten, bis die gewünschte Rubrik auftaucht.

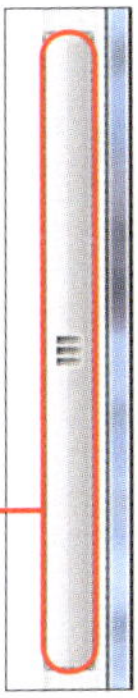

Im Bereich „Berufserfahrung“ sehen Sie am Anfang als einzigen Eintrag Ihre aktuelle Arbeitsstelle, die Sie beim Anlegen des XING-Kontos eingegeben hatten.

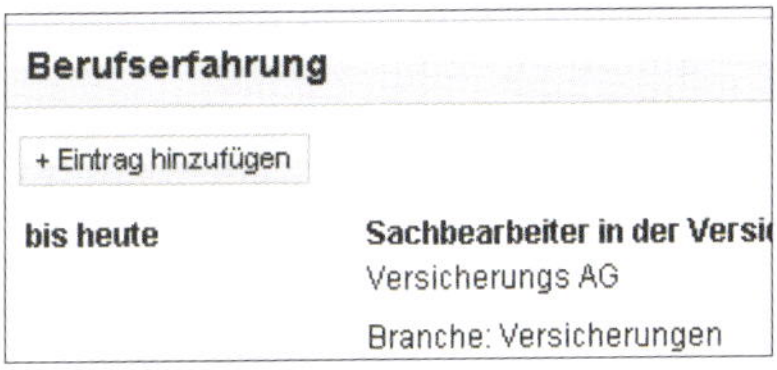

2 Um diesen Eintrag zu bearbeiten, klicken Sie nun auf

.

Daraufhin erscheint ein Eingabebereich, in dem Sie alle wichtigen Informationen rund um die Firma, Ihre Stelle und den Zeitraum Ihrer Beschäftigung eingeben können. Klicken Sie auf ●, um gegebenenfalls den Firmennamen zu ändern, und auf ●,

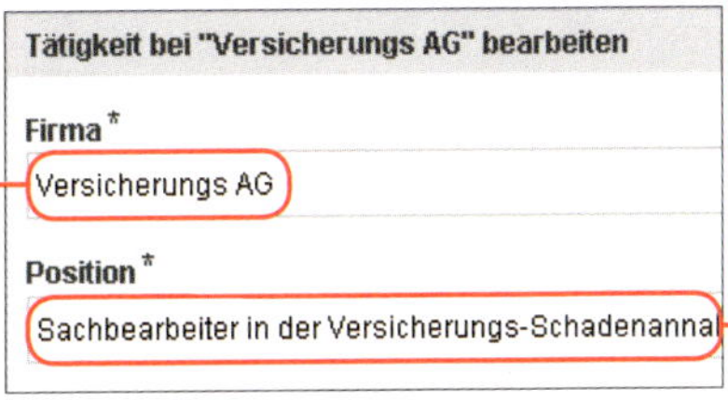

um die Bezeichnung Ihrer Position zu ändern. Demgegenüber öffnet ein Mausklick auf ●

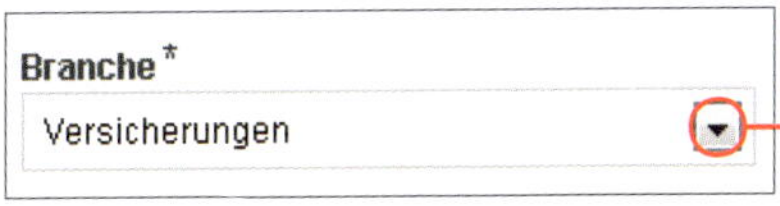

das vom Anlegen der Stelle bekannte Auswahlfeld, in dem die Branche des Unternehmens verändert werden kann.

3 Der „Status“ der Stelle ist nicht nur – wie auf den ersten Blick zu vermuten – für die Unterscheidung zwischen Voll- oder Teilzeitstelle wichtig. Vor allem auch die bei Firmen wichtige Angabe, ob Sie als Inhaber, Gesellschafter oder Vorstand ●

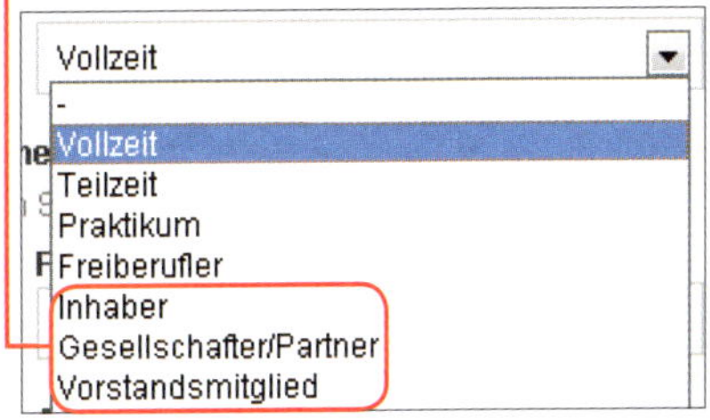

fungieren, können Sie hier mit einem entsprechenden Mausklick machen.

Hier wie auch in den anderen Auswahlfeldern treffen Sie Ihre Entscheidung, indem Sie auf

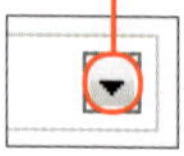

und dann in der sich öffnenden Liste auf den passenden Eintrag klicken. Eingabefelder wie füllen Sie, indem Sie hineinklicken und Ihren Text dann über die Tastatur eintippen.

4 Über die Dauer einer Beschäftigung informieren Sie im Bereich . Klicken Sie auf das Dreieck

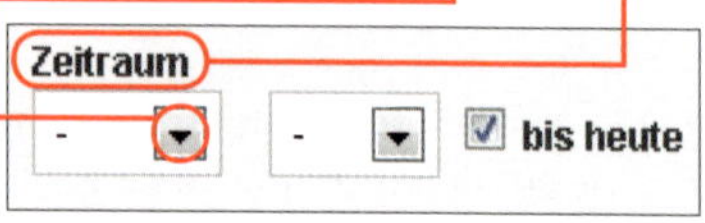

und dann in der ausklappenden Liste auf das Jahr, in dem Ihr entsprechendes Arbeitsverhältnis begann. Analog dazu wählen Sie rechts davon den Monat. Wenn Sie die Stelle bis heute bekleiden, lassen Sie den Haken

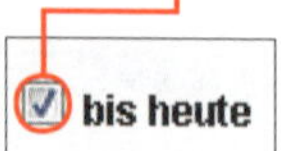

stehen. Andernfalls entfernen Sie ihn per Mausklick in das Kästchen. Dann können Sie hier ,

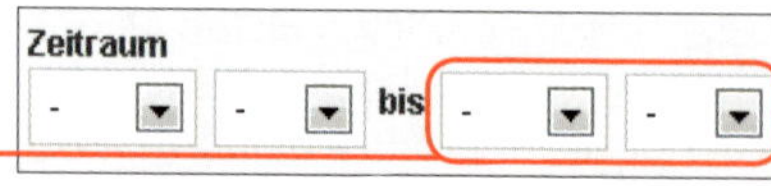

wie gerade beschrieben, ganz genau eingeben, wann Sie die Stelle wieder verlassen haben.

5 Zum Speichern Ihrer Eingaben klicken Sie auf . Wenn Sie sich umentscheiden und Ihre Ergänzungen doch lieber nicht abschicken möchten, klicken Sie hingegen auf .

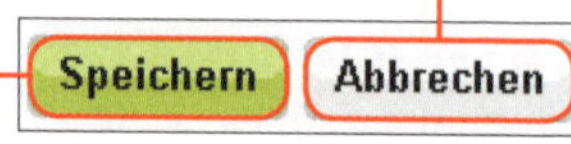

6 Damit Sie eine weitere Stelle hinzufügen können, klicken Sie auf

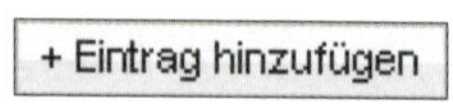

.

Nun geben Sie auch die Daten von der anderen Firma und Stelle ein, wie soeben beschrieben. Wenn Sie möchten, dass die neu eingegebene Stelle neben Ihrem Namen in Ihrer Visitenkarte im Profil angezeigt wird, setzen Sie per Mausklick in das Kästchen

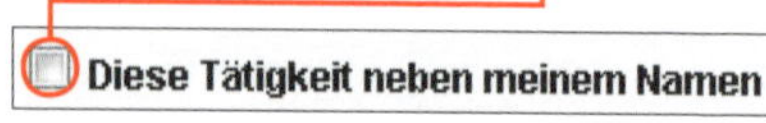

einen Haken. Speichern Sie auch die neue Stelle per Klick auf

.

Durch die Eingabe aller Stellen, die Sie in Ihrem Leben schon bekleidet haben, und die Eingabe der Zeiträume schaffen

Sie in Ihrem Profil schnell einen virtuellen Lebenslauf:

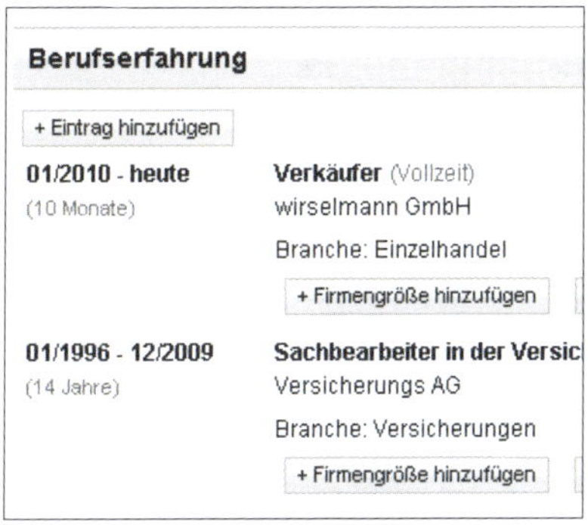

> **! Stellen sind nicht gleich Arbeitgeber**
>
> Je nach der Art der Kontakte, die Sie über XING ansprechen wollen, muss ein Eintrag unter „Berufserfahrung" nicht notwendigerweise eine Arbeitsstelle sein. Sie können auch Ihren Verein eintragen, in dem Sie ein Amt bekleiden, die Firma, die Sie nebenbei selbst betreiben, oder eine ehrenamtliche Tätigkeit. Und wenn Sie XING gar nicht für berufliche Kontakte nutzen möchten, sondern nur für „Nebenbeschäftigungen", dann steht Ihnen dies sowieso vollkommen frei!

Ausbildung und Referenzen hinzufügen

Neben den bisher eingegebenen beruflichen Rahmendaten macht es oft Sinn, auch die davor liegenden Zeiträume zu beleuchten. Wenn Sie eine abgeschlossene Berufsausbildung oder gar ein abgeschlossenes Studium haben, dann tragen Sie dies doch einfach ebenfalls ein. Je mehr Informationen ein potentieller Kontakt in XING von Ihnen hat, desto eher kann er einschätzen, ob sich ein Kontakt mit Ihnen lohnt. Nicht die Zahl der Kontakt ist wichtig, sondern deren Qualität!

1 Melden Sie sich wie gewohnt an Ihrem XING-Konto an, wechseln Sie in die Profil-Einstellungen, und bewegen Sie die Anzeige dann, wie auf Seite 51 gezeigt, nach unten, bis der Bereich ●

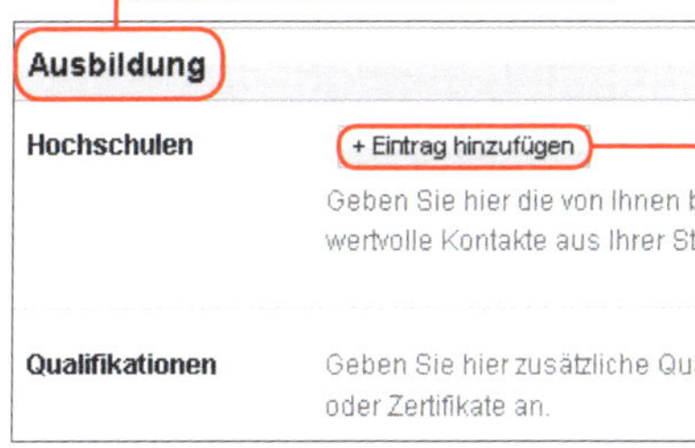

sichtbar wird. Um einen Hochschulabschluss einzutragen, klicken Sie auf ●.

2 Geben Sie dann die Hochschule ● und die Fachrichtung ●

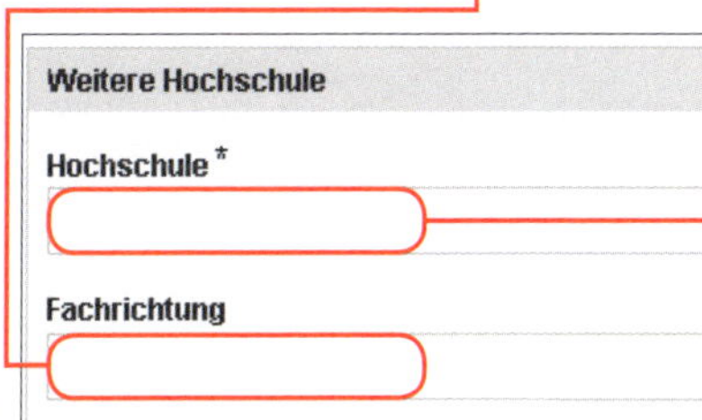

sowie Ihre Schwerpunkte ● ein.

Ihr Abschluss gehört hierhin ●.

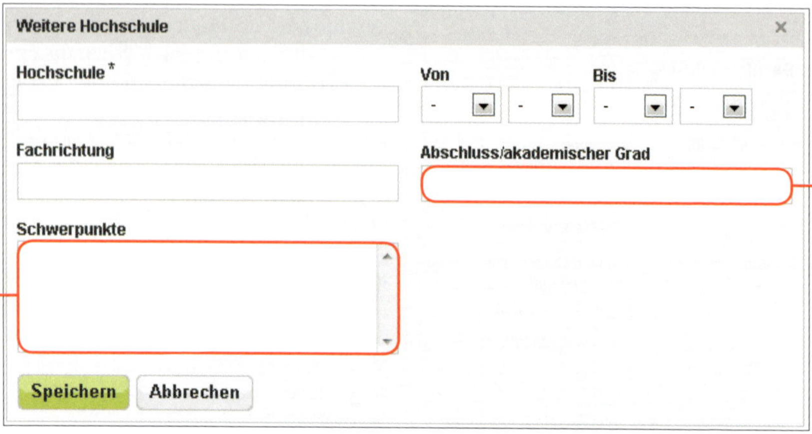

Darüber können Sie, wie in Schritt 4 des vorigen Abschnitts gezeigt, noch durch Angaben in den Feldern „Von" und „Bis" die Dauer Ihres Studiums ergänzen.

3 Um eventuell mit weiteren Pfunden zu wuchern, empfiehlt es sich, auf vergleichbare Weise noch weitere Qualifikationen einzugeben.

4 Persönliche Daten schützen und freigeben

Die Eingabe Ihrer persönlichen Daten in eine Internet-Plattform wie XING ist nötig, um die Funktionalität des XING-Netzwerkes optimal nutzen zu können. Auf der anderen Seite aber birgt dies immer die Gefahr, dass andere Nutzer oder gar Fremde an Informationen kommen, die nicht für sie bestimmt sind und die sie nicht zu interessieren haben. Je mehr Zeit Sie in den Aufbau und die Pflege Ihres **Netzwerkes** investieren, desto eher werden Sie wünschen, dass auch nur Sie alleine Nutzen daraus ziehen können. XING bietet eine Vielzahl von Möglichkeiten, die eigene Privatsphäre zu definieren und festzulegen, welche persönlichen Daten für wen sichtbar sind.

Im vierten Kapitel dieses Buches erfahren Sie,

- wie Sie zusätzliche persönliche Daten in Ihr XING-Konto eingeben,
- wie Sie sich einen anderen Benutzernamen zulegen,
- wie Sie gegebenenfalls Ihr Passwort ändern,
- wie Sie allgemeine Einstellungen für Ihre Privatsphäre vornehmen
- und wie Sie dafür sorgen, dass bestimmte Personen mehr Informationen von Ihnen sehen können.

Kapitel-Wegweiser

Persönliche Daten und Datenschutz

XING ist ein **Dienst** im Internet und insofern vom Grundsatz her schon eher „öffentlich“. Nun gibt es zum einen Informationen, die Sie für alle Benutzer freigeben möchten, zum anderen aber auch solche Daten, die besser gar nicht oder nur ausgewählten Mitgliedern zugänglich gemacht werden sollten. Ein Beispiel: Eine private Telefonnummer kann für bestimmte Kontakte durchaus hilfreich sein, beispielsweise damit man Sie auch außerhalb der Geschäftszeiten kontaktieren kann. Allerdings wäre es Ihnen sicherlich nicht recht, wenn jeder XING-Anwender Ihre Nummer wüsste und Sie einfach anrufen könnte. XING bietet verschiedene Datenschutzeinstellungen, die Ihnen die Möglichkeit geben, Ihre Privatsphäre bis ins Kleinste festzulegen.

Persönliche Daten pflegen

Bisher haben Sie hauptsächlich allgemeine Daten zu Ihrer Ausbildung, Ihrem Beruf und Ihren Qualifikationen eingegeben. Wenn Sie zum Beispiel in bestimmten Situationen möchten, dass man Sie auch – sozusagen an XING vorbei – direkt kontaktieren kann, sind Telefonnummern und **E-Mail**-Adressen hilfreich.

1 Melden Sie sich wieder mit Ihrem Benutzernamen und Kennwort an Ihrem XING-Konto an (siehe Seite 44), und wechseln Sie mit einem Mausklick auf ● in Ihr Profil.

2 Auf Ihrer Profilseite **scrollen** Sie jetzt mithilfe der Bildlaufleiste (siehe Schritt 1 auf Seite 51) so weit nach unten, bis Sie zu den Kontaktdaten kommen. Hier finden Sie alle Daten, die Sie bereits eingetragen haben, etwa ●, zudem aber auch leere Felder, in die Sie Telefonnummern, Mobilnummern und Faxnummern ●

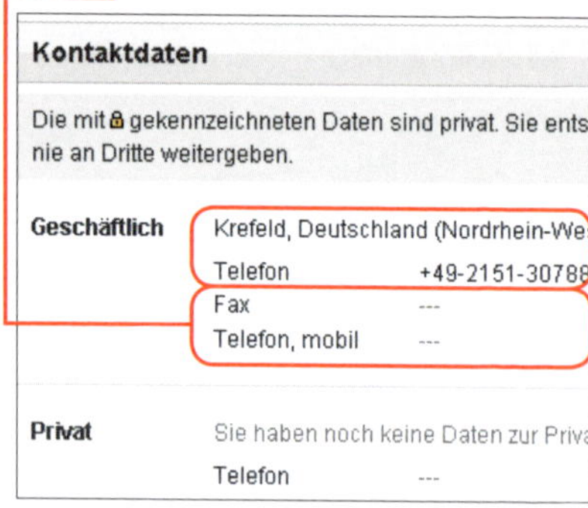

eintippen können. Darüber hinaus besteht die Möglichkeit, E-Mail-Adressen ●,

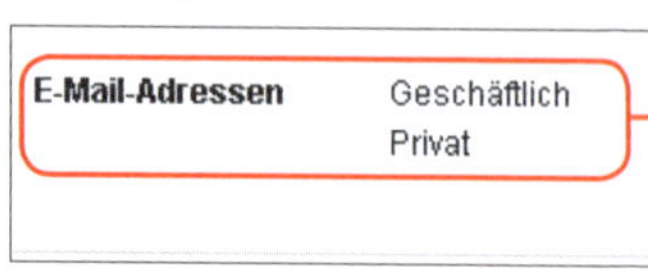

Kontaktmöglichkeiten über **Chat**-Programme wie Skype oder den MSN-Messenger und Geburtstage zu ergänzen.

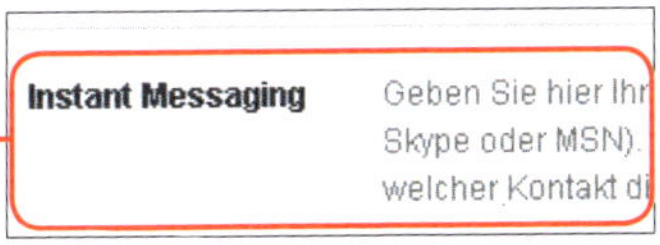

3 Um in einer der Kategorien Daten wie zum Beispiel eine neue Adresse oder Telefonnummer einzugeben, klicken Sie als Erstes auf

und danach auf das entsprechende Eingabefeld. Tippen Sie hier die Landesvorwahl der Rufnummer ein (ohne führendes „+", für Deutschland also „49"). Klicken Sie dann rechts daneben auf,

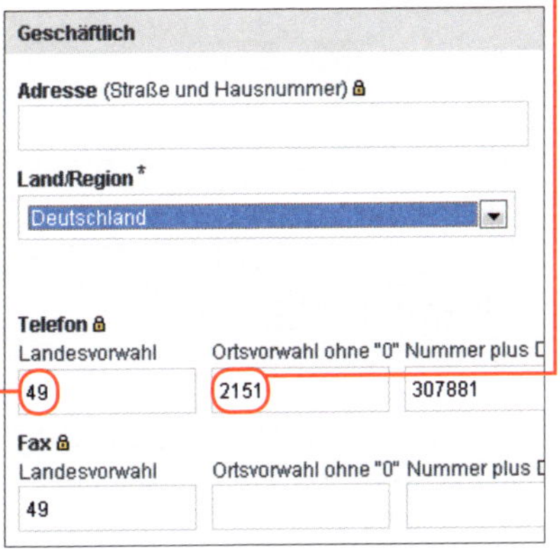

und geben Sie die Vorwahl des Ortes über die Tastatur ein. Schließlich können Sie ganz rechts die Rufnummer selbst eintragen.

Private Kontaktdaten

Neben manchen Informationen wie Telefonnummern, Adressen etc. sehen Sie ein kleines Schloss.

Dies bedeutet, dass die jeweiligen Daten nicht automatisch für alle Benutzer freigegeben werden, sondern sich für einzelne Benutzer individuell freigeben lassen.
Was auf den ersten Blick unkomfortabel erscheint, ist eine Frage der Sicherheit: Wären die Daten in der Standardeinstellung sofort für alle Anwender zu sehen und müssten sie manuell „unsichtbar" gemacht werden, dann wäre das Risiko zu groß, dass man dies einmal vergisst – und beispielsweise eine private Rufnummer innerhalb kurzer Zeit die Runde macht. Mehr dazu lesen Sie auf Seite 63/64.

4 Rechts neben dem Eingabefeld werden die eingegebenen Daten in einer Vorschau dann genau so angezeigt, wie sie in Ihrem Profil erscheinen.

Speichern Sie die Eingaben per Mausklick auf

.

5 In den jeweiligen Eingabebereichen sind bestimmte Informationen verpflichtend. Diese sind mit einem kleinen Sternchen

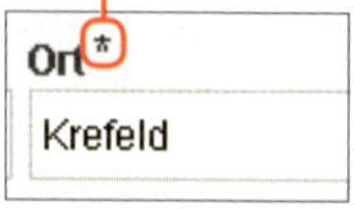

markiert. Ohne die Eingabe dieser Informationen können Sie die Änderungen nicht speichern und bekommen direkt darunter eine Fehlermeldung.

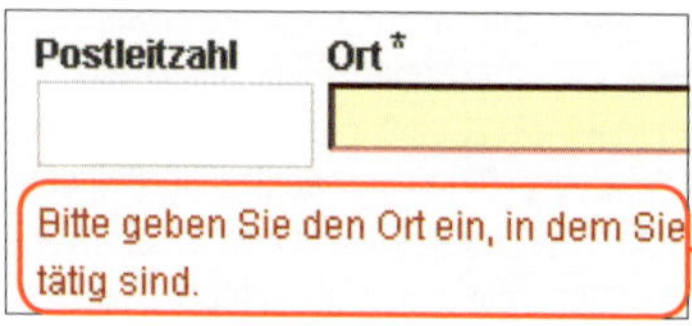

Erst wenn Sie die geforderten Informationen eingetragen haben, können Sie fortfahren und die Änderungen an Ihrem Profil, wie oben beschrieben, speichern.

Passwort ändern

Wenn Sie die Befürchtung haben, dass Ihr Passwort von jemand anderem geknackt geworden ist, sollten Sie es ändern. Es empfiehlt sich aber sowieso grundsätzlich, dies auch ohne Missbrauchsverdacht regelmäßig zu machen. XING selbst empfiehlt das Ändern des Passworts mindestens zweimal im Jahr.

1 Melden Sie sich wieder mit Ihrem Benutzernamen und Kennwort an Ihrem XING-Konto an. Bewegen Sie dann die Maus auf, und klicken Sie im sich öffnenden Menü auf den Eintrag.

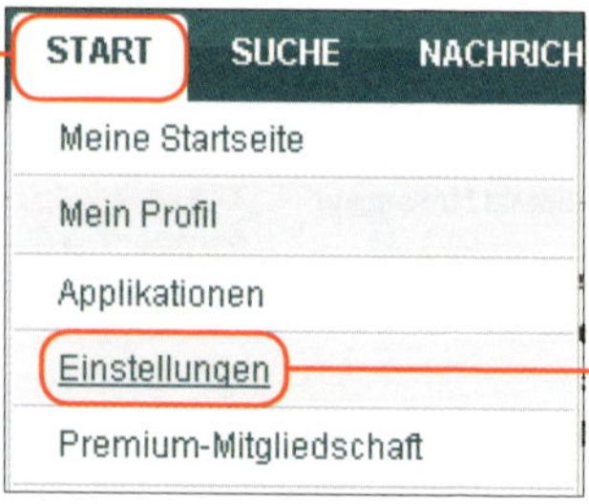

2 Anschließend klicken Sie auf den Befehl.

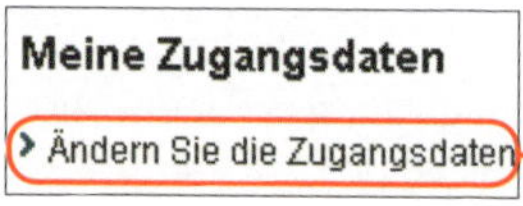

Zum Ändern Ihres Passworts folgt neben der Option „Passwort“ ein Mausklick auf die Schaltfläche

.

3 Bevor Sie ein neues Passwort eingeben können, müssen Sie zunächst hier

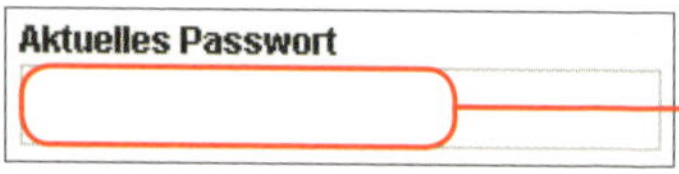

das alte Passwort eintippen. Falls Sie sich nicht mehr daran erinnern sollten, klicken Sie auf

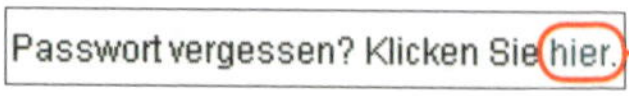

und fordern ein neues Passwort an, wie es Ihnen auf Seite 44 erläutert wurde.

Ändern des Benutzernamens

Bisher haben Sie sich immer mit Ihrer E-Mail-Adresse angemeldet. Wenn Sie stattdessen einen kurzen, griffigen Benutzernamen (wie zum Beispiel Ihren Firmennamen) verwenden möchten, dann können Sie dies ebenfalls an dieser Stelle machen. Klicken Sie dazu einfach neben der Option „Benutzername" auf

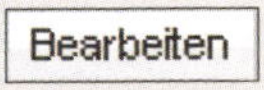

.

Im Standard setzt sich dieser aus Ihrem Vor- und Nachnamen sowie einer Nummer zusammen. Um dies zu ändern, klicken Sie ans Ende des vorgegebenen Benutzernamens, hier ●,

halten die Maustaste gedrückt und ziehen den Mauszeiger mit weiterhin gedrückter Maustaste ganz nach links, bis der alte Benutzername markiert ist.

Tippen Sie dann den neuen Benutzernamen ein, und schließen Sie die Eingabe mit einem Klick auf

ab. Sollte der gewählte Benutzername bereits vergeben sein, erhalten Sie eine Fehlermeldung. Versuchen Sie es in dem Fall einfach, wie gerade beschrieben, mit einem anderen Benutzernamen.

4 Jetzt können Sie in die beiden dafür vorgesehenen Felder ●

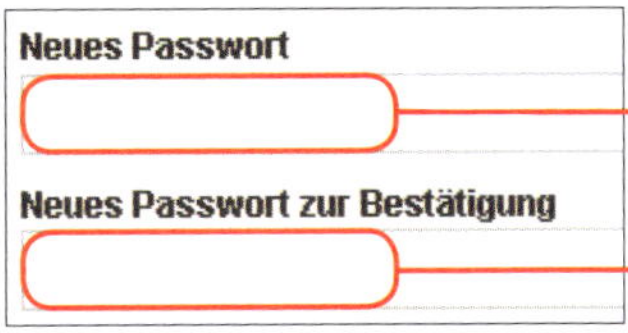

das neue Passwort eingeben, und zwar in beiden Feldern exakt identisch. Auch mit dieser „Doppeleingabe" soll ausgeschlossen werden, dass Sie sich möglicherweise versehentlich vertippt haben und dadurch nicht mehr auf Ihr XING-Konto zugreifen könnten. Zu guter Letzt brauchen Sie das neue Passwort nur noch per Klick auf

zu sichern.

Grundsätzliche Einstellungen für die Privatsphäre

XING bietet verschiedene Einstellmöglichkeiten, mit denen Sie Ihre Profildaten schützen können.

1 Wiederholen Sie Schritt 1 der vorigen Anleitung, und klicken Sie dann auf ●.

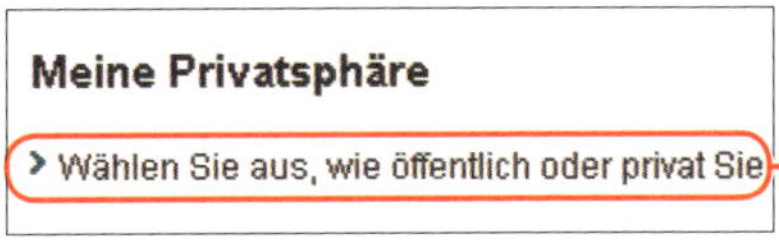

Die Einstellungen zur Privatsphäre teilen sich in zwei Bereiche: zum einen in die allgemeinen Einstellungen rund um Ihre Person,

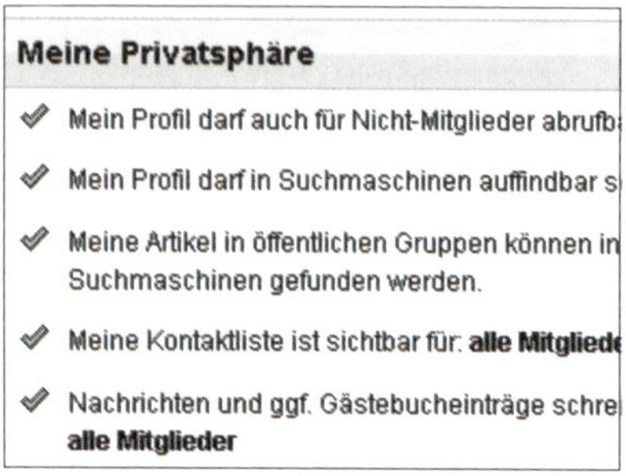

zum anderen in die Infobox „Neues aus Ihrem Netzwerk“, in der bei Ihren Kontakten alle möglichen Informationen über Sie angezeigt werden.

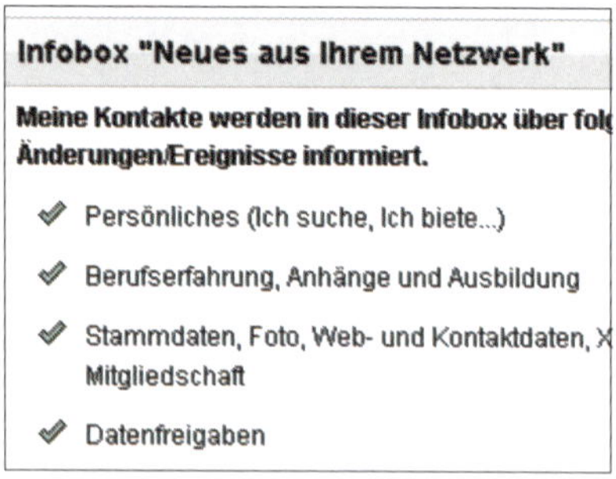

Ein Beispiel: Ändern Sie Ihre Geschäftsadresse, dann wird bei Ihren Kontakten - sofern Sie dies erlaubt haben - eine Meldung dazu angezeigt. Näheres zu Kontakten, lesen Sie ab Seite 67.

2 Damit Sie nun Einstellungen zur Privatsphäre vornehmen können, klicken Sie im linken Teil des Fensters auf

.

In den allgemeinen Einstellungen können Sie festlegen, welche Informationen für Nichtmitglieder sichtbar sein sollen. Wenn Ihr Profil nicht für „Gäste“ bei XING abrufbar sein soll, entfernen Sie den Haken per Mausklick. In dem Fall können nur angemeldete Mitglieder Ihr Profil sehen. Dies macht Sinn, denn XING will Mitglieder miteinander in Kontakt bringen und vernetzen, und dies geht nur, wenn beide angemeldet sind und damit ein Profil besitzen.

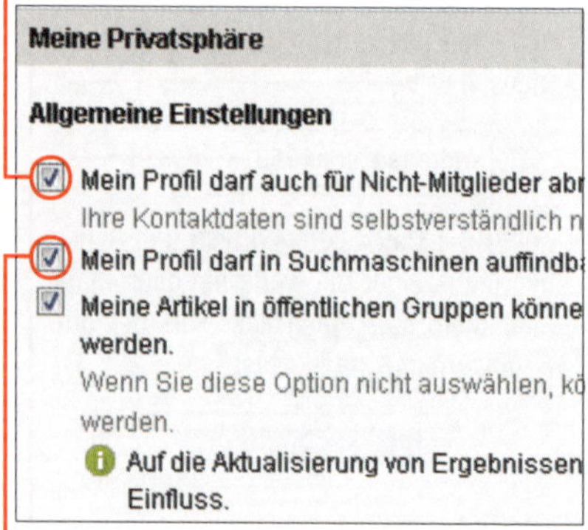

Falls Sie nicht möchten, dass Ihr Profil über eine **Suchmaschine** wie Google oder Bing gefunden werden kann, entfernen Sie zudem das Häkchen im Kästchen. Auf der einen Seite mindert das die Chance potentieller Kontakte, auf der anderen Seite legen viele Anwender aber auch Wert darauf, dass möglichst wenige Informationen über sie einfach auffindbar sind.

3 Ihr Netzwerk, also Ihre Kontakte, deren Kontakte und die Kontakte derer Kontakte bilden eine riesige Informationsbasis. Dass Sie diese nutzen wollen, ist Zweck von XING. Gegebenenfalls wollen Sie aber nicht, dass andere Mitglieder ebenfalls darauf zugreifen können. Klicken Sie auf ●, und wählen Sie dann beispielsweise ●, damit niemand Ihre Kontakte sehen kann.

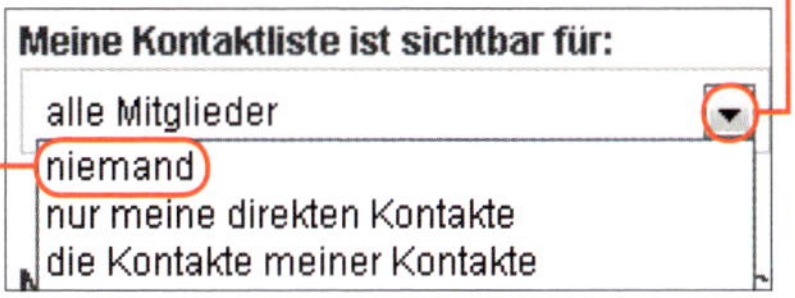

4 Um Ihre Profileinstellungen selbst zu schützen, scrollen Sie wie gewohnt mit dem Rollbalken (siehe Seite 51) bis zum Bereich „Profileinstellungen".

Klicken Sie auf ●, um den Haken neben Ihrem Aktivitäts-Index zu entfernen. Die eingeschaltete Option würde anzeigen, wie intensiv Sie XING nutzen. Damit auch Ihr Skype-Status nicht angezeigt wird, klicken Sie zudem auf ●.

Zum abschließenden Speichern reicht wieder ein Mausklick auf

.

> **Skype und XING**
>
> Eine private oder geschäftliche Telefonnummer freizugeben, kann sinnvoll sein, birgt aber auch immer die Gefahr, dass Sie mit einer Flut von Anrufen traktiert werden. Eine Alternative dazu bietet Skype, ein kostenloses Programm für das Telefonieren im Internet: Die Freigabe Ihres Skype-Namens und Status erlaubt es anderen, Sie zu kontaktieren, gibt gleichzeitig aber auch Ihnen die Chance, Skype einfach auszuschalten und nicht erreichbar zu sein. Weitere Informationen dazu finden Sie im Internet unter **http://www.skype.de.**

Einstellungen für die Privatsphäre bei Kontakten

Während Sie mit den bisher beschriebenen Einstellungen festgelegt haben, was andere Anwender oder Fremde bei der Betrachtung Ihres Profils zu sehen bekommen, gibt es noch eine andere Sichtweise auf Ihre Daten. Standardmäßig hat jeder XING-Benutzer auf seiner Startseite eine Informationsbox „Neues aus Ihrem Netzwerk" ●,

in der Statusänderungen, neue Informationen und Veranstaltungen, kurz: alle Neuheiten aus dem eigenen Netzwerk, aufgeführt werden. Oft wollen Sie zwar, dass Ihre Kontakte selbst darüber informiert sind, was sich bei Ihnen geändert hat, nicht aber deren Kontakte (mit denen Sie im Zweifelsfall nicht einmal etwas zu tun haben).

1 Um diese Einstellungen entsprechend zu ändern, klicken Sie nach dem Aufrufen der Optionen zur Privatsphäre (siehe Schritt 1 auf Seite 59) unterhalb des Bereichs „Infobox Neues aus Ihrem Netzwerk“ auf

.

2 Im Fenster, das sich daraufhin öffnet, können Sie detailliert festlegen, wie mit Ihren in XING eingegebenen Informationen - zum Beispiel Ihren persönlichen Interessen bei XING, Ihrer Berufserfahrung und Ihren Profildaten wie Foto, Kontaktdaten etc. - verfahren werden soll.

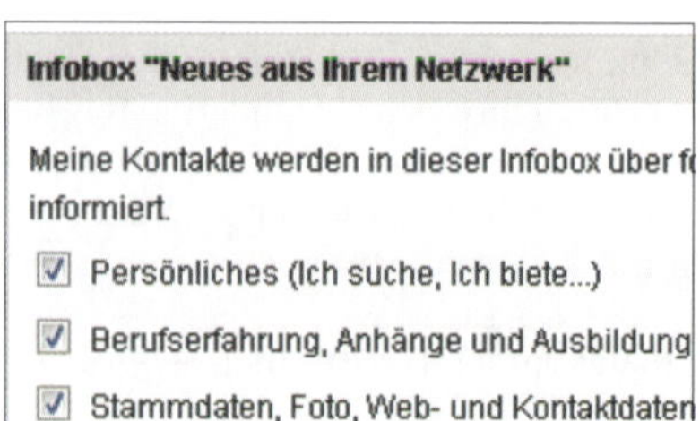

Auch Einstellungen rund um Ihre Tätigkeit auf XING wie Kontakte (mehr dazu auf Seite 66), Veranstaltungen und Gruppen, an denen Sie teilnehmen, können Sie hier vornehmen.

3 Im Standard werden alle diese Informationen automatisch in der „Neues aus Ihrem Netzwerk“-Box Ihrer Kontakte angezeigt. Deshalb findet sich neben jedem Eintrag ein Haken, etwa ●.

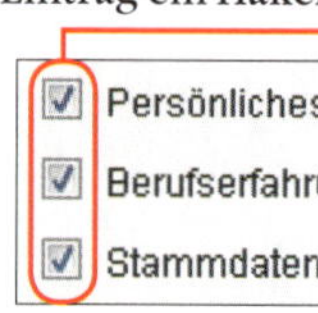

Wenn Sie dies nicht möchten, klicken Sie in das Kästchen neben der betroffenen Information, die nicht mehr automatisch an Ihre Kontakte verbreitet werden soll, damit das Häkchen darin verschwindet. Ein erneutes Klicken darauf setzt den Haken wieder und aktiviert die automatische Veröffentlichung der Information erneut.

4 Abschließend speichern Sie die Einstellungen, die Sie vorgenommen haben, wieder mit einem Mausklick auf die Schaltfläche

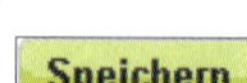

.

Informationen für einzelne Kontakte freigeben

Viele Informationen sind von allgemeinem Interesse und dienen dazu, Sie für interessierte andere XING-Nutzer auffindbar zu machen. Welche Expertisen Sie haben, bei welchen Unternehmen Sie arbeiten oder gearbeitet haben - dies sind sicherlich schützenswerte Informationen, aber keine wirklich kritischen Daten. Telefonnummern, E-Mail-Adressen und andere direkte Kontaktmöglichkeiten sind da eine andere Kategorie: Niemand möchte von einem beliebigen anderen XING-Teilnehmer direkt angerufen werden oder eine E-Mail bekommen, ohne dies zuvor explizit erlaubt zu haben. Daher können Sie solche Freigaben auch nur für jeden Kontakt einzeln erteilen, statt diese Daten pauschal für alle XING-Benutzer freizugeben.

1 Melden Sie sich wieder mit Ihrem Benutzernamen und Kennwort an Ihrem XING-Konto an. Klicken Sie dann in der Symbolleiste auf

,

damit die Liste Ihrer Kontakte aufklappt. Ab Seite 66 lesen Sie, wie Sie Kontakte zu Ihrem Netzwerk hinzufügen und wie Sie innerhalb Ihrer bestehenden Kontakte nach einem bestimmten Kontakt suchen können.

2 Klicken Sie in der Liste auf den Namen der Person, für die Sie Ihre Kontaktdaten freigeben wollen.

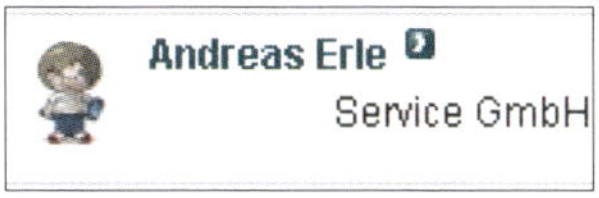

Rechts neben den Informationen zum ausgewählten Kontakt erhalten Sie die Möglichkeit, die Datenfreigabe zu steuern: ●.

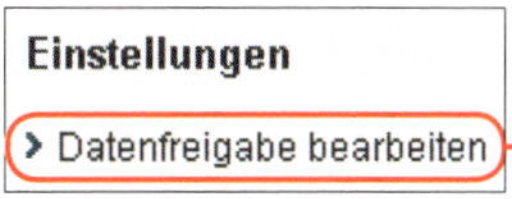

Klicken Sie einfach darauf.

3 Anschließend werden sämtliche Kontaktinformationen aufgelistet. Alle freigegebenen Daten sind mit einem Häkchen markiert, etwa ●.

Entfernen Sie den Haken bei Informationen, die Sie dem Kontakt nicht freigeben wollen, indem Sie in das daneben stehende Kästchen klicken. Oder klicken Sie in ein leeres Kästchen, um ein Häkchen zu setzen und die entsprechende Information damit freizugeben.

4 Manche Freigabekategorien sind in verschiedene Bereiche unterteilt. Diese werden durch ein kleines Pluszeichen

gekennzeichnet. Wenn Sie beispielsweise auf das Pluszeichen neben den geschäftlichen Kontaktdaten klicken, werden die darin enthaltenen Informationen im Einzelnen aufgeführt.

Auch hier können Sie wieder wie gewohnt durch Klicken Häkchen setzen oder entfernen, um die entsprechenden Informationen freizugeben oder zu verbergen.

5 Wie immer sichern Sie Ihre soeben erteilten Freigaben per Mausklick auf den Befehl

.

5 Kontakte zum Netzwerk hinzufügen

Der Sinn von XING ist die Vermittlung von Kontakten zu Personen, die gleiche Interessen haben, oder auch zu Unternehmen, die für den Nutzer von Interesse sein könnten. Daraus entwickelt sich dann ein **Netzwerk**, das interessante Kontakte enthält und zudem ganz einfach die Aufnahme neuer Kontakte ermöglicht.

Um ein solches Netzwerk aufzubauen, bietet XING verschiedene Möglichkeiten. Durchsuchen Sie Ihre bestehenden Kontakte bei Google oder Yahoo, ob diese bereits bei XING sind, und fügen Sie manuell neue Kontakte aus den Netzwerken anderer Teilnehmer hinzu. Und wenn Sie schon dabei sind: Teilen Sie Ihren Netzwerkkontakten doch einfach mit, was bei Ihnen Neues passiert, und kommunizieren Sie mit ihnen!

Im fünften Kapitel dieses Buches erfahren Sie,

- wie Sie automatisch Bekannte Ihrem XING-Netzwerk hinzufügen,
- wie Sie innerhalb der Netzwerke anderer Benutzer navigieren,
- wie Sie einzelne Kontakte hinzufügen und auf Einladungen reagieren,
- wie sich Ihr Status ändern lässt
- und wie Sie als Premium-Mitglied Nachrichten versenden.

Kapitel-Wegweiser

Kontakte hinzufügen

Nach dem Anlegen eines XING-Kontos und der Komplettierung der Angaben über die eigene Person ist die nächste wichtige Aufgabe der Aufbau des eigenen Netzwerkes. XING bietet dazu verschiedene Möglichkeiten, die in den folgenden Abschnitten beschrieben werden.

Kontakte automatisch finden

Wenn Sie ein E-Mail-Konto bei Google, Yahoo oder Windows Live besitzen, dann ist die Wahrscheinlichkeit groß, dass Sie darin auch die E-Mail-Adressen Ihrer Kontakte gespeichert haben. XING kann auf Wunsch allen Ihren Kontakten eine **E-Mail** mit einer Einladung in Ihr Netzwerk schicken.

1 Melden Sie sich wieder mit Ihrem Benutzernamen und Kennwort an Ihrem XING-Konto an, und wechseln Sie dann per Klick auf

in Ihr Profil. Klicken Sie dort als Erstes auf und danach auf .

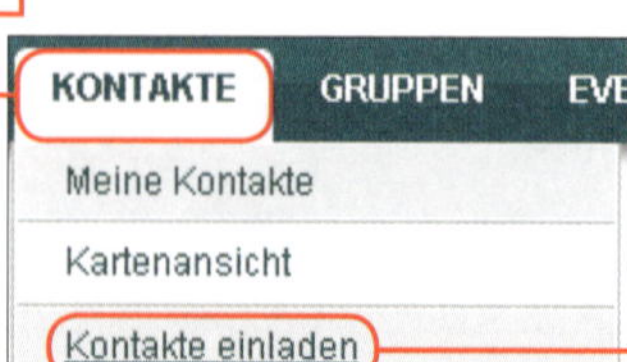

2 Im Fenster, das sich daraufhin öffnet, **scrollen** Sie mithilfe der Bildlaufleiste (siehe Seite 51) nach unten, bis der Eintrag

sichtbar wird. Klicken Sie darauf.

3 Nun müssen Sie zunächst Ihre eigene E-Mail-Adresse, und zwar diejenige, die als Zugang zu dem zu durchsuchenden E-Mail-**Dienst** dient, eintragen. Klicken Sie dazu auf ,

geben Sie sie ein, und klicken Sie dann auf

.

Im vorliegenden Fall dient Google Mail als Beispiel, bei den anderen unterstützten Diensten ist das Vorgehen aber vergleichbar.

4 Anhand der oben eingegebenen E-Mail-Adresse kann XING erkennen, welcher Dienst sich dahinter verbirgt, und leitet Sie an dessen Anmeldeseite weiter, im Beispiel also an die von Google. Klicken Sie auf , und tippen Sie Ihren Benutzernamen ein, gefolgt nach einem Klick auf

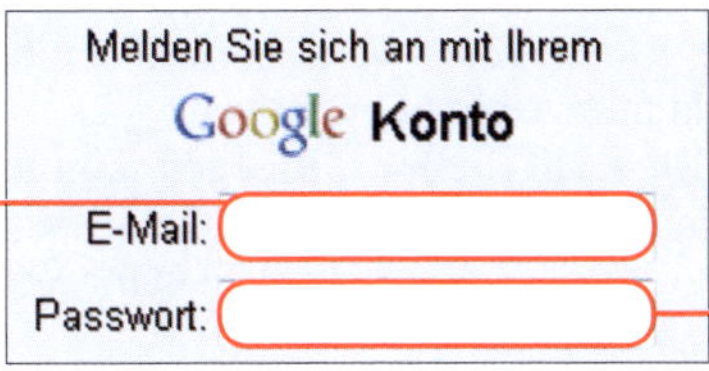

vom Kennwort, das Sie für den Zugang bei Google verwenden. Beenden Sie die Anmeldung per Klick auf

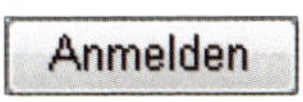

.

Keine Angst vor Datenklau

Auch wenn die Verwendung Ihrer Google-Kontakte bei XING den Eindruck erweckt, Sie würden XING einen Zugang zu Ihren E-Mails gestatten: Dies ist nicht der Fall! Die Anmeldung findet rein auf der Google-Internetseite statt, lediglich der Hinweis, dass einmalig die Kontaktdaten freigegeben werden sollen, wird an XING übermittelt. XING selbst bekommt Ihr Passwort nicht mitgeteilt, kann also später nicht ohne Ihre Einwilligung auf Ihre Kontakte zugreifen!

5 Google weist noch einmal darauf hin, dass Sie XING kurzzeitig Zugriff auf Ihre Kontakte gewähren.

Wenn Sie dies möchten, klicken Sie auf

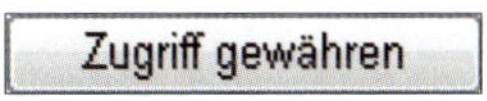

.

Sollten Sie doch dagegen sein, reicht ein Mausklick auf

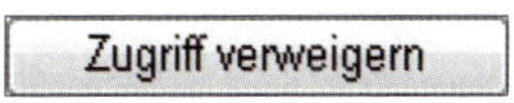

.

In dem Fall kann XING allerdings auch keine Einladungen versenden.

6 In der nun erscheinenden Aufstellung sehen Sie alle Ihre Kontakte mit deren Namen und E-Mail-Adressen. Am Anfang sind sämtliche Kontakte markiert beziehungsweise links daneben mit einem Häkchen

versehen. Somit würden also alle Personen Ihre automatische Einladungs-E-

Mail bekommen. Wenn Sie einen oder mehrere Kontakte von dieser Einladung ausnehmen wollen, klicken Sie neben dem Namen in das entsprechende Kästchen,

sodass das Häkchen darin verschwindet.

7 Im unteren Fensterbereich befindet sich die Standard-Einladungs-E-Mail, die XING versenden möchte. Oft macht es Sinn, diese persönlicher zu gestalten. Denn Empfänger einer E-Mail schenken dieser mehr Aufmerksamkeit, wenn sie das Gefühl haben, tatsächlich persönlich angesprochen worden zu sein. Wenn Sie den Text verändern wollen, klicken Sie auf

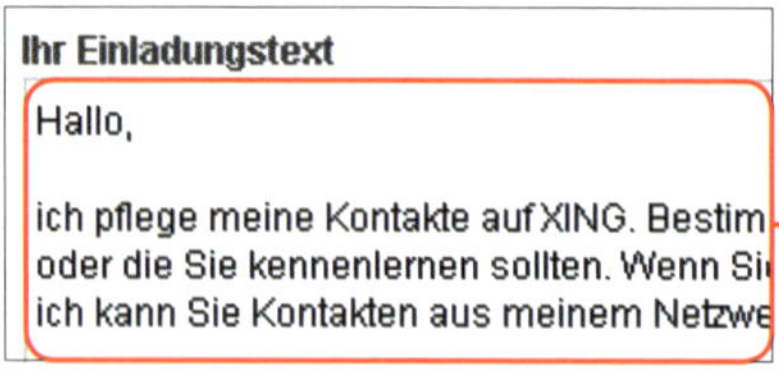

und drücken dann gleichzeitig die Tasten Strg und A, um den gesamten Text zu markieren.

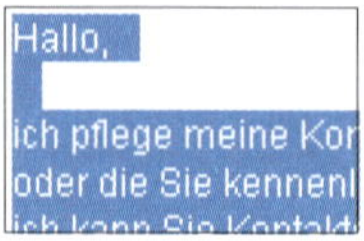

8 Jetzt können Sie Ihren eigenen Einladungstext verfassen. Nachdem Sie ihn eingegeben haben, schicken Sie ihn per Mausklick auf

an die ausgewählten Empfänger. Sind die angeschriebenen Empfänger bereits XING-Mitglieder, können sie Ihre Kontaktanfrage direkt bestätigen.

Nichtmitglieder hingegen können (und müssen) sich nun anmelden und werden danach automatisch in Ihr Netzwerk aufgenommen.

Einladungen abwägen

Es wäre ein Leichtes, einfach nur das komplette Adressbuch herzunehmen und allen darin gespeicherten Kontakten eine Einladung ins eigene XING-Netzwerk zu schicken. Besser aber ist es, die Kontakte vorher durchzusehen und dabei individuell zu entscheiden, ob diese in ein berufliches Netzwerk passen. Für den Kollegen aus dem vorigen Unternehmen mag dies zutreffen, für den Zahnarzt wahrscheinlich eher nicht. Ob Sie einen Vorgesetzten einladen, sollten Sie ebenfalls genau überlegen: Wenn Sie im Unternehmen zufrieden sind und einfach nur Ihr Netzwerk aufbauen und beruflich nutzen wollen, dann ist nichts dagegen einzuwenden. Wenn Sie aber sowieso wechselwillig sind, Ihre Wechselbereitschaft auch kundtun wollen und über XING Jobangebote bekommen möchten, dann sollte dies vielleicht nicht öffentlich für Ihren jetzigen Arbeitgeber werden.

Kontakte manuell einladen

Oft haben Sie schon vor Augen, wen Sie gerne in Ihrem professionellen Netzwerk als Kontakt haben wollen. Sie kennen seinen Namen, aber nicht unbedingt seine E-Mail-Adresse. Schauen Sie doch einfach nach, ob diese Person bereits bei XING angemeldet ist, und laden Sie sie ein!

1 Nachdem Sie sich wieder mit Ihrem Benutzernamen und Kennwort angemeldet haben, klicken Sie in das Suchfeld ●

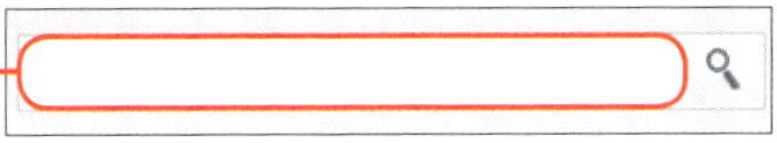

und tippen den Namen des gewünschten Kontaktes, den Sie Ihrem Netzwerk hinzufügen wollen, ein. Gibt es nur einen einzigen Kontakt dieses Namens, wird dieser schon bei der Eingabe angezeigt, etwa ●,

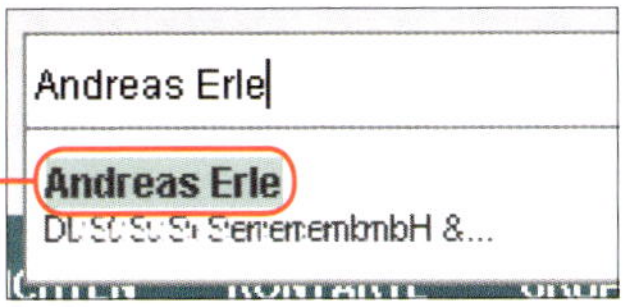

und kann dann direkt angeklickt werden. Ist dies nicht der Fall, klicken Sie auf die Lupe

.

2 XING durchsucht daraufhin sein Nutzerverzeichnis und zeigt Ihnen in einer Liste alle Kontakte, die zu Ihren Suchbegriffen passen. Bei jedem Kontakt sehen Sie dessen Namen ●,

die aktuelle Position ● und Firma ●.

3 Rollen Sie wie gewohnt mit dem Rollbalken der Bildlaufleiste durch die Ergebnisliste, falls der gewünschte Kontakt nicht direkt angezeigt wird.

Treffen Ihre Suchbegriffe auf zu viele XING-Benutzer zu, können Sie per Klick auf ● oder ●

am unteren Bildschirmrand auf die vorige oder die nächste Seite wechseln.

4 Wenn Sie den gesuchten Kontakt gefunden haben, brauchen Sie nur dessen Namen anzuklicken, im Beispiel ●,

damit sein Profil und die darin freigegebenen Informationen geöffnet werden.

> **Neugier ist nicht geheim**
>
> Keine Frage, am Anfang macht es riesigen Spaß, einfach durch XING und die Menge an dort versammelten Menschen und deren Profile zu „schlendern". Über eines sollten Sie sich aber im Klaren sein: Sobald Sie auf ein Profil klicken, wird dies einem Premium-Mitglied auf seiner Startseite unter „Besucher meines Profils" mitgeteilt (Basis-Mitglieder können dies nicht sehen).
>
> 
>
>
> Dies mag in den meisten Fällen nicht weiter tragisch sein. Wenn Sie sich aber insgeheim über den ungeliebten Ex-Kollegen informieren wollen, dann ist dies gegebenenfalls nicht gewünscht!

5 Um die Kontaktanfrage zu versenden und das Mitglied in Ihr Netzwerk einzuladen, reicht ein abschließender Mausklick auf

.

Die erweiterte Suche nutzen

Wenn Sie andere Informationen über das einzuladende Mitglied bei XING haben, nach denen Sie suchen könnten, dann hilft Ihnen die eben beschriebene einfache Suche nicht wirklich weiter. Wollen Sie alle XING-Mitglieder in einem Ort finden? Oder vielleicht alle, die bei einer bestimmten Firma arbeiten, an einer bestimmten Hochschule ihren Abschluss gemacht haben und in einem bestimmten Ort wohnen? Kein Problem: Verwenden Sie einfach die erweiterte Suche von XING. Diese ausgefeilte Suchfunktion macht XING zu einem interessanten Instrument bei der Reise in die eigene Vergangenheit. So lassen sich etwa Menschen finden, mit denen man studiert hat. Gerade Personen, die vielleicht namentlich nicht unbedingt präsent sind, aber dennoch interessante Kollegen waren, können so wiederentdeckt werden.

1 Nach der Anmeldung an Ihr XING-Konto klicken Sie als Erstes auf ● und danach auf den Eintrag ●.

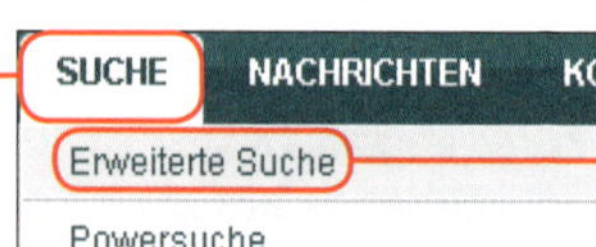

2 In dem sich nun öffnenden Suchfenster können Sie in allen Feldern, die sich in einem XING-Profil speichern lassen, Daten eingeben und so Ihre ganz persönliche Suche definieren.

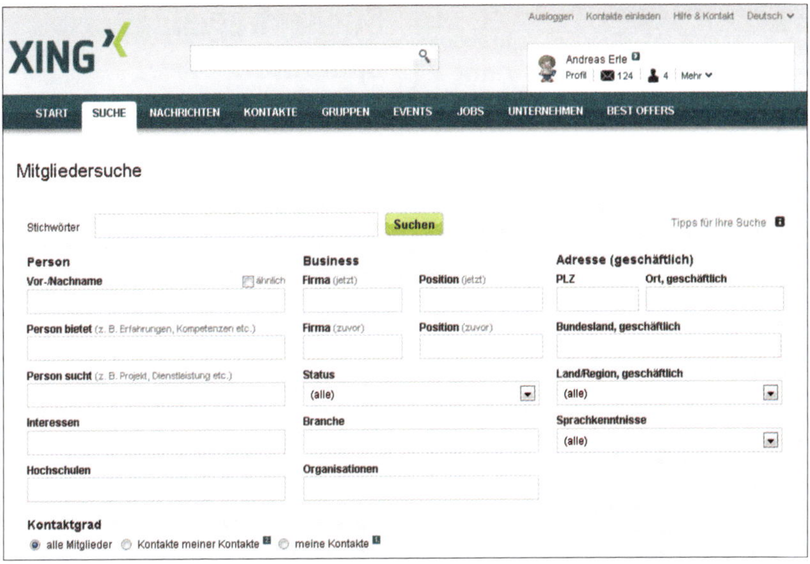

Viele Suchkriterien, wenig Ergebnisse

Wie bei jeder Suche gilt auch bei XING folgender einfacher Grundsatz: Je mehr Suchbegriffe Sie eingeben, desto weniger Suchergebnisse werden Sie erhalten. Dies ist auf der einen Seite durchaus positiv, weil Sie so der Flut der Informationen Herr werden können. Auf der anderen Seite kann ein falsch eingegebener Suchbegriff aber auch dazu führen, dass gerade der gesuchte Kontakt nicht angezeigt wird. Am besten starten Sie mit einer groben Suche nach nur wenigen Suchbegriffen und verfeinern diese nach und nach durch weitere Suchbegriffe, wenn die Ergebnisliste zu groß ist.

3 Wie gewohnt klicken Sie in die jeweiligen Felder und tippen dann dort Ihre Angaben ein. So gehört in das Eingabefeld

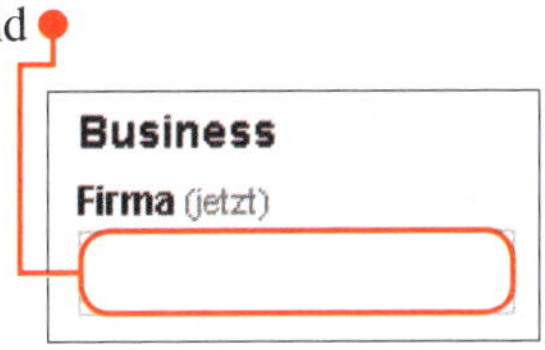

der Firmenname, und/oder in das Eingabefeld

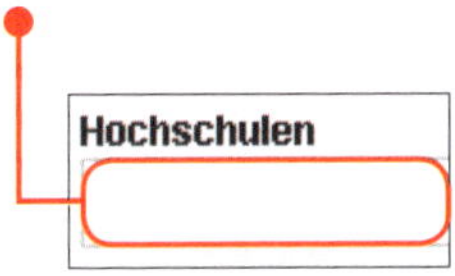

die Hochschule, auf der die gesuchte Person ihren Abschluss gemacht hat,

und zu guter Letzt hierhin

der gesuchte Ort.

4 Manchmal ist es ratsam, nur im eigenen Netzwerk beziehungsweise im Netzwerk der eigenen Kontakte zu suchen und nicht in der gesamten riesigen Menge aller XING-Benutzer.

Dies können Sie am unteren Ende der Suchmaske festlegen. Um alle XING-Mitglieder in die Suche mit aufzunehmen, klicken Sie auf .

Wenn die Suche in Ihren eigenen und den Kontakten Ihrer Kontakte stattfinden soll, klicken Sie hingegen auf ,

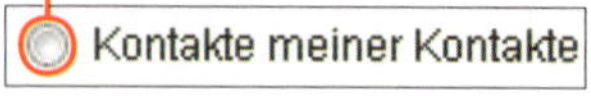

während nach einem Mausklick auf

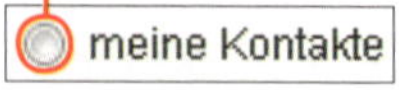

ausschließlich in Ihren eigenen Kontakten gesucht wird.

5 Starten Sie die Suche, indem Sie auf

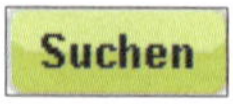

klicken, und verfahren Sie mit dem Suchergebnis, wie auf Seite 69 beschrieben.

Suchanfragen speichern

Manche Suche werden Sie nur ein einziges Mal durchführen, beispielsweise, wenn Sie eine bestimmte Person ausfindig machen wollen, um sie dann als Kontakt hinzufügen zu können. Mitunter aber sind Ihre Suchanfragen komplexer, beispielsweise, wenn Sie immer auf dem Laufenden sein wollen, welche neue XING-Benutzer bei dem Unternehmen anfangen, bei dem Sie selbst tätig sind. In einem solchen Fall empfiehlt es sich, die Suche nicht immer wieder manuell zu starten, sondern dies XING zu überlassen und sich bei neuen Suchergebnissen einfach per E-Mail informieren zu lassen. Achtung: Diese Funktion ist nur für Premium-Mitglieder verfügbar!

1 Starten Sie eine erweiterte Suche, wie auch Seite 70 gezeigt, und lassen Sie sich das Suchergebnis anzeigen. Klicken Sie anschließend rechts über dem ersten gefundenen Kontakt einer manuellen Suche (z.B. nach der Firma) auf den Befehl .

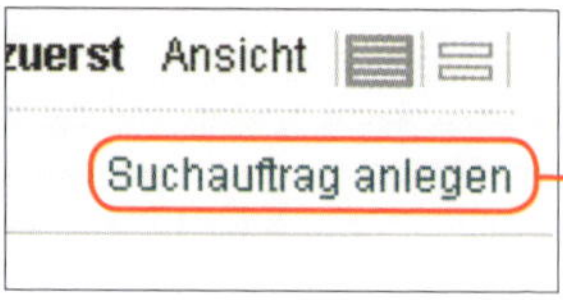

2 Im Fenster, das sich daraufhin öffnet, können Sie festlegen, wie oft dieser Suchauftrag ausgeführt werden soll und unter welcher Bezeichnung er läuft. Klicken Sie in das Eingabefeld ●,

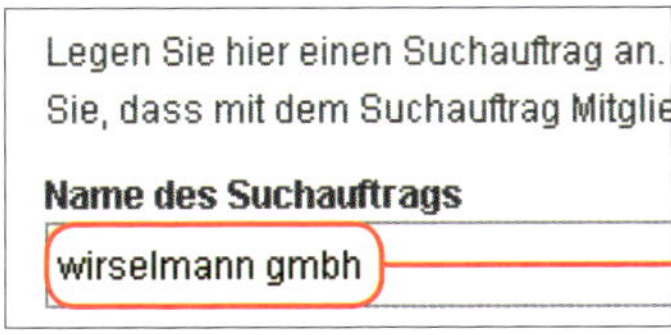

und ändern Sie wie gewohnt den vorgegebenen Namen des Suchauftrags.

3 Um den Suchauftrag jeweils einmal wöchentlich am Sonntag automatisch ausführen zu lassen, klicken Sie auf ●,

sodass im Kreis ein Punkt erscheint wie in der Abbildung. Möchten Sie hingegen täglich informiert werden, aktivieren Sie mit einem Mausklick die untere Option.

4 Wie üblich speichern Sie die Einstellung per Klick auf die Schaltfläche

.

Anschließend sehen Sie Ihren neuen Suchauftrag in der Liste der gespeicherten Suchaufträge, etwa ●.

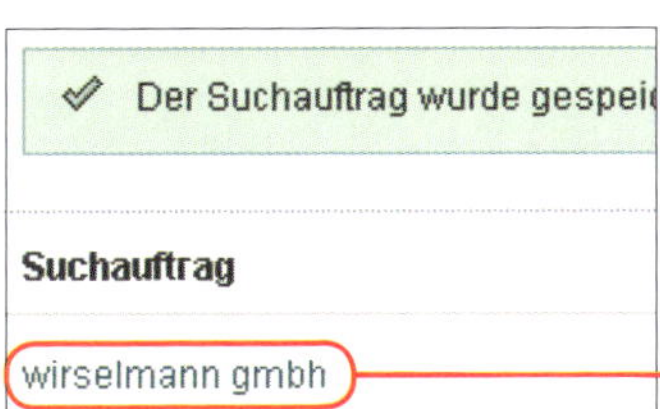

Haben sich neue Mitglieder mit den von Ihnen eingegebenen Suchkriterien angemeldet, erhalten Sie darüber eine E-Mail-Benachrichtigung, sobald der Suchauftrag das nächste Mal von XING automatisch ausgeführt wurde.

5 Wenn Sie den Suchauftrag irgendwann wieder löschen möchten, klicken Sie einfach auf ●

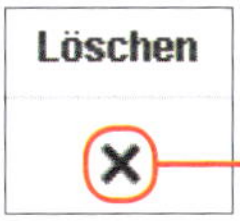

und danach zur Bestätigung Ihrer Entscheidung auf ●.

Kontakte Ihrer Kontakte einladen oder empfehlen

Warum sollen Sie sich eigentlich die Arbeit machen, Ihre Kontakte alle selbst auszusuchen? Sobald Sie einige Kontakte in Ihrem Netzwerk haben, die ähnliche Interessen haben wie Sie selbst, macht es Sinn, sich wiederum auch deren Kontakte einmal näher anzusehen. Laden Sie dann doch einfach die geeigneten direkt ein!

1 Suchen Sie sich den Kontakt, an dessen Netzwerk Sie möglicherweise

Interesse haben könnten, wie auf Seite 70 gezeigt. Klicken Sie dann auf ,

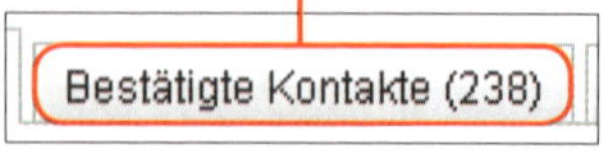

um eine Liste seiner Kontakte zu bekommen.

2 Klicken Sie auf den Namen des Kontaktes (Ihres Kontaktes), damit dessen Profil und die freigegebenen Informationen sichtbar werden. Am oberen Bildrand sehen Sie die „Beziehung" dieses Kontaktes, die von Ihnen über den Kontakt aus Ihrem Netzwerk zu dem ausgewählten Kontakt führt.

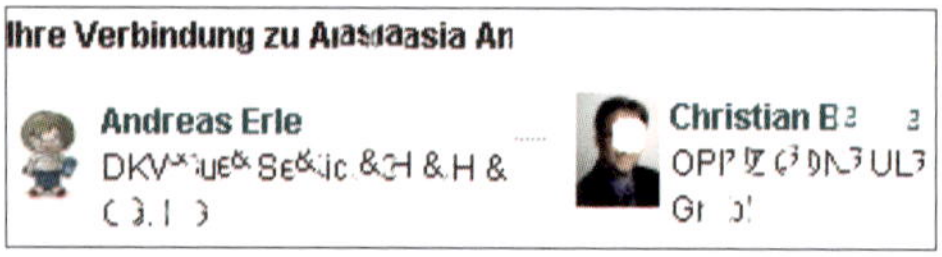

Um den Kontakt Ihrem eigenen Netzwerk hinzuzufügen, klicken Sie wieder auf

.

3 Wenn Sie wissen, dass einer Ihrer Kontakte auf der Suche nach neuen Kontakten mit bestimmten Eigenschaften ist und Sie bei Ihrem Weg durch XING jemanden finden, der eben diese Eigenschaften hat, können Sie diesen Namen empfehlen. Klicken Sie dazu als Erstes auf das Symbol

.

4 Um Ihren bestehenden Kontakt, dem Sie den neu entdeckten Kontakt vorstellen möchten, auszuwählen, klicken Sie auf

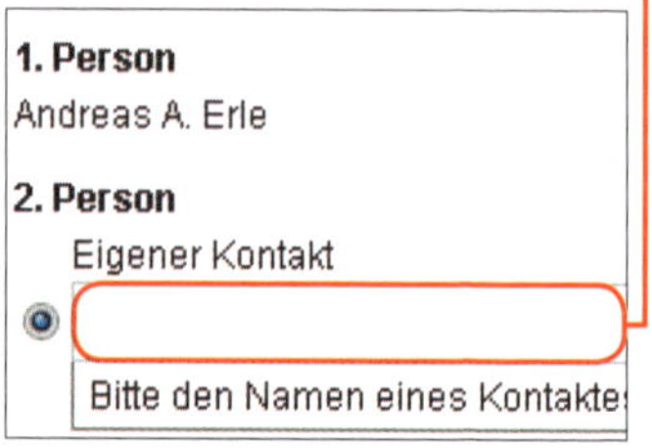

und tippen dessen Namen ein. Mit jedem eingegebenen Buchstaben sehen Sie unter dem Eingabefeld alle Kontakte, die die eingegebene Buchstabenfolge enthalten.

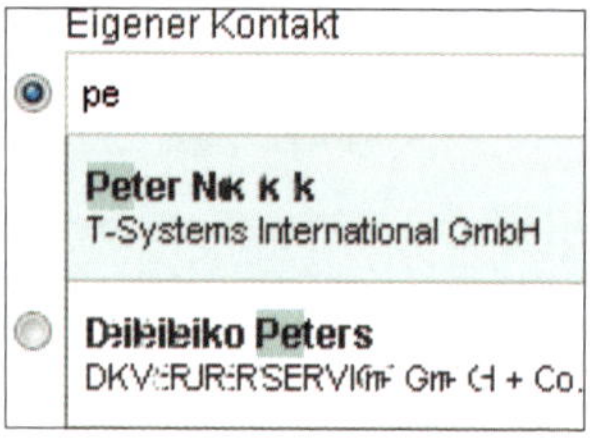

Sobald Sie den Kontakt sehen, den Sie informieren möchten, klicken Sie dessen Namen an.

5 Klicken Sie in das Nachrichtenfeld, und geben Sie eine kurze erklärende

Nachricht für den Empfänger Ihrer Empfehlung ein, etwa ●.

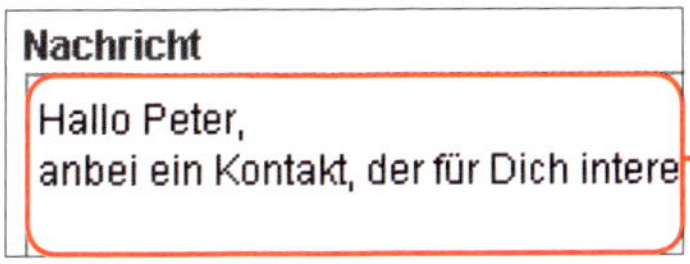

Zum Absenden genügt ein Mausklick auf die Schaltfläche

.

Kontaktanfragen beantworten

Manchmal geht es schneller, als man denkt: Sobald Sie Ihr XING-Konto angelegt und Ihr Profil vervollständigt haben, werden die ersten Kontaktanfragen an Sie herangetragen werden. Mitunter empfiehlt Ihnen auch ein wohlmeinendes anderes XING-Mitglied einen interessanten Kontakt.

Beides erkennen Sie an den Nachrichten in Ihrem Posteingang der E-Mail-Adresse, die Sie auf Seite 38 beim Anlegen Ihres XING-Kontos angegeben haben. Die folgende Beschreibung bezieht sich auf Microsoft Outlook, ist aber auch auf andere E-Mail-Programme übertragbar.

1 Öffnen Sie Ihr E-Mail-Programm, und fragen Sie Ihre neuen E-Mails ab. Sollten zwischenzeitlich Kontaktanfragen eingegangen sein, finden Sie in Ihrem Posteingang eine E-Mail von XING:

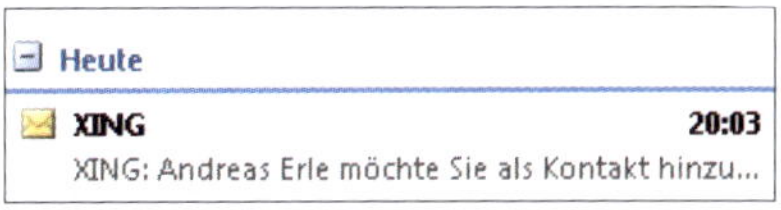

2 Öffnen Sie die E-Mail, klicken Sie auf die blaue Verknüpfung, im Beispiel ●,

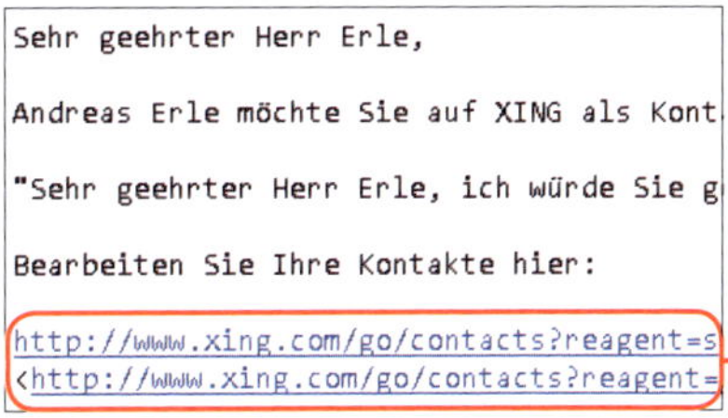

und melden Sie sich dann wie gewohnt bei XING an.

3 Um die Kontaktanfragen zu öffnen, klicken Sie auf der rechten Seite Ihrer Statusseite nun auf den Eintrag ●.

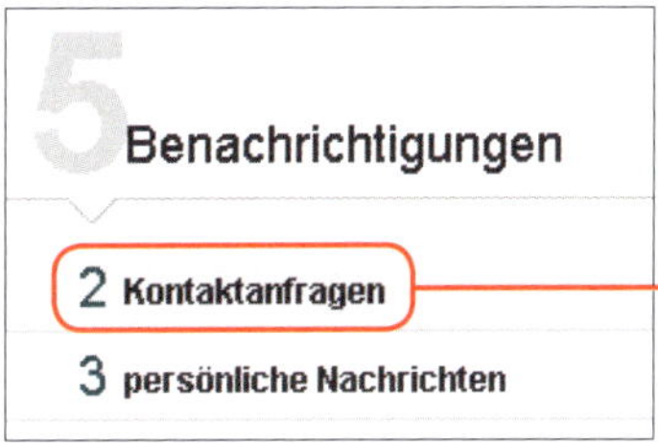

4 Sobald Sie die Kontaktanfrage per Mausklick auf ●

bestätigen, wird der Kontakt automatisch in Ihr Netzwerk aufgenommen. Gleichzeitig werden Sie per E-Mail darüber informiert. Um die Anfrage zu ignorieren und den Kontakt nicht in Ihr Netzwerk zu lassen, klicken Sie stattdessen auf . Eine Information darüber wird nicht verschickt.

Kontakt zu den Kontakten

Das Verwalten Ihrer Kontakte alleine ist noch nicht sehr effektiv. Erst die Kommunikation untereinander führt zu einem echten Mehrwert, der sich in erfolgreicheren Projekten, mehr Aufträgen oder einfach einem effektiveren Arbeiten niederschlägt. XING bietet Ihnen dazu eine Vielzahl von Möglichkeiten.

Statusmeldungen eingeben

Auch wenn Twitter und XING vollkommen unterschiedliche Ziele mit ihren Diensten verfolgen, so haben beide doch eine Funktion gemein: die Möglichkeit, kurze Statusmitteilungen abzusetzen und den Kontakten im eigenen Netzwerk mitzuteilen, was man gerade tut.

1 Melden Sie sich wieder mit Ihrem Benutzernamen und Kennwort an Ihrem XING-Konto an. Unter dem Willkommensgruß finden Sie ein Feld .

Klicken Sie einfach hinein, und tippen Sie dann ein, was Ihnen aktuell gerade wichtig ist, im Beispiel . Wenn Ihr Status nur für Ihre direkten Kontakte und nicht für alle XING-Mitglieder sichtbar sein soll, klicken Sie auf ,

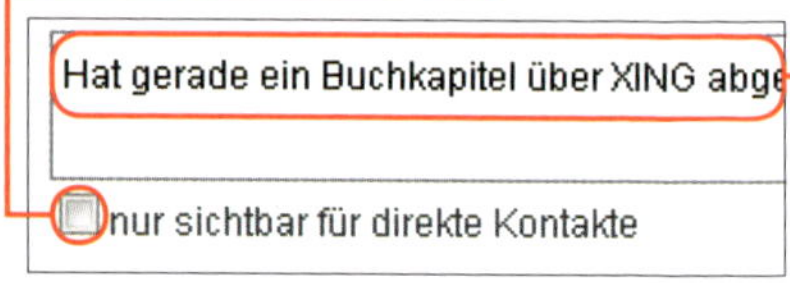

um die Option zu aktivieren.

2 Senden Sie die Statusmeldung ab, indem Sie auf

klicken. Jeder Ihrer Kontakte, der Ihr Profil aufruft, kann Ihren aktuellen Status sehen, beispielsweise .

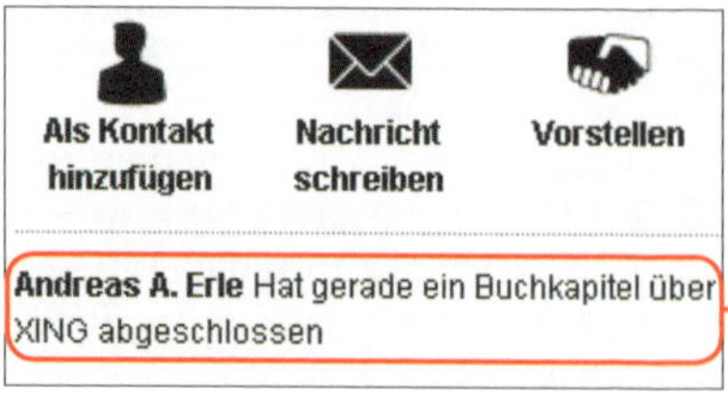

> **Der Sinn der Statusmeldung**
>
> Während bei Twitter einfaches „Geplapper" (auch eine Übersetzung des englischen Kunstwortes „Tweet") zulässig ist, ja sogar erwartet wird, ist dies bei XING ein wenig anders.
> Durch den professionellen Anspruch sollten Sie in Ihrer Statusmeldung nur Dinge kundtun, die auch tatsächlich für Ihr Netzwerk interessant sind: Auszeichnungen, die Sie erhalten haben, Messen, die Sie besucht haben, berufliche Meilensteine, die erreicht wurden, kurz: Dinge, die auch wirklich einen Großteil der Kontakte in Ihrem Netzwerk interessieren.
> Immer wieder zu melden, dass Sie gerade lecker Essen waren, jetzt auf dem Nachhauseweg sind etc., erweckt bei XING schnell einen unprofessionellen Eindruck.

Nachrichten versenden

Neben den Informations-E-Mails, die XING automatisch versendet, bietet der Dienst auch die Möglichkeit, Nachrichten an Mitglieder des eigenen Netzwerkes zu schicken – allerdings nur für Premium-Mitglieder.

1 Suchen Sie sich den Kontakt, dem Sie eine Nachricht schicken wollen, wie auf Seite 70 gezeigt, heraus. Damit Sie eine neue Nachricht schreiben können, klicken Sie dann auf den Befehl

.

2 Im Empfänger-Feld ist bereits der Name des Mitglieds, das Sie zuvor als Empfänger der Nachricht ausgewählt haben, eingetragen. Wenn Sie die Nachricht zusätzlich noch an eine E-Mail-Adresse senden wollen, klicken Sie auf ●.

3 Klicken Sie in das entsprechende Eingabefeld, und tippen Sie den oder die E-Mail-Adressen der Empfänger ein. Falls es mehrere sein sollten, trennen Sie die einzelnen Adressen durch Kommata.

4 Anschließend klicken Sie in das Betreff-Feld und geben darin – wie Sie es auch von der Betreff-Zeile einer normalen E-Mail her kennen – kurz und bündig ein, worum es in der Nachricht geht, beispielsweise ●.

5 Nun können Sie im Inhaltsbereich eine etwas ausführlichere Nachricht verfassen, etwa ●,

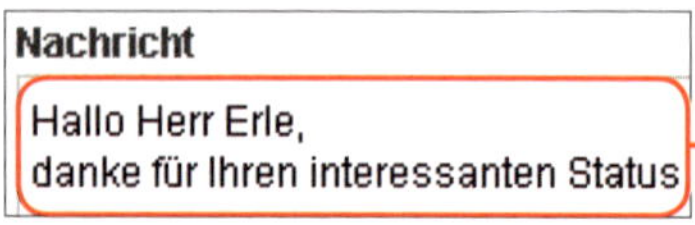

und zu guter Letzt mit einem Mausklick auf

verschicken.

> **E-Mails nur gezielt senden**
>
> Senden Sie Nachrichten nur dann, wenn Sie sicher sind, dass der Empfänger auch an deren Inhalt interessiert ist. Unerwünschte Werbe-E-Mails sind für den Empfänger ein Ärgernis, und auch XING selbst reagiert bei Kenntnisnahme schnell mit dem Sperren des Kontos des Absenders!

6 Der Empfänger der Nachricht wird von XING per E-Mail darüber informiert, dass eine neue Nachricht vorliegt:

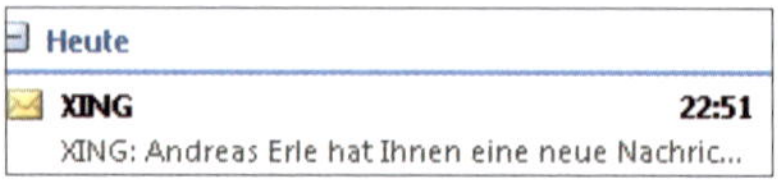

Sobald er sich das nächste Mal bei XING anmeldet, befindet sich am Briefumschlagsymbol, das oben rechts auf dem XING-Startbildschirm eines jeden Benutzers zu sehen ist, eine Zahl, die für die ungelesenen Nachrichten steht, etwa ●.

Klicken Sie darauf, um Ihren Posteingang zu öffnen.

7 Nach einem Mausklick in die Betreffzeile, im Beispiel ●,

wird die E-Mail angezeigt, und Sie sehen den Absender, den Empfänger, Datum und Uhrzeit, an der die Nachricht versendet wurde, den Betreff sowie die Nachricht selbst.

8 Auch wenn Sie als Basis-Mitglied nicht von sich aus Nachrichten schreiben können, das Antworten auf eine eingegangene Nachricht ist möglich. Klicken Sie dazu einfach auf

,

und schreiben Sie dann, wie soeben geschildert, die E-Mail. Anschließend versenden Sie die Antwort, mit der Sie auf die eingegangene Nachricht reagieren, per Klick auf

.

6 Ein Facebook-Konto anlegen und einrichten

Wenn Ihnen Twitter zu wenig Inhalt bietet und XING zu ernst ist, dann sind Sie mit Facebook genau beim richtigen Anbieter: Facebook vernetzt ebenfalls Menschen miteinander, macht dabei aber keinen Unterschied zwischen professionellen und privaten Kontakten. Von der kleinen Statusmitteilung zwischendurch, die vom leckeren Mittagessen beim Lieblingsitaliener kündet, bis zur fachlichen Diskussion um die besten Vorgehensweisen beim Projektmanagement kann alles eingetragen und der Öffentlichkeit zur Verfügung gestellt werden. So finden sich bei Facebook sowohl Privatnutzer als auch kleine bis große Firmen und kommunizieren all das, was ihnen wichtig ist.

Im sechsten Kapitel dieses Buches erfahren Sie,

- wie Sie ein neues Facebook-Konto anlegen,
- wie Sie aus Ihren E-Mail-Konten blitzschnell Kontakte hinzufügen,
- wie Sie eine eigene Facebook-Seite für eine Firma, einen Verein oder beispielsweise eine Musik-Band erstellen
- und wie Sie mit wenigen Schritten Ihr Profil mit ersten Informationen füllen.

Kapitel-Wegweiser

Ein Facebook-Konto anlegen

Der erste Schritt zur Nutzung der vielfältigen Funktionen von Facebook ist einmal mehr das Anlegen eines Kontos, was wie bei Twitter kostenlos durchgeführt werden kann. Voraussetzung ist lediglich ein Rechner mit einem Zugang zum Internet.

Bei Facebook registrieren

1 Starten Sie Ihr Internetzugriffsprogramm, und klicken Sie dann in die Adresszeile,

sodass sie blau hinterlegt beziehungsweise markiert wird:

2 Tippen Sie in das Eingabefeld des Browsers die **Internetadresse**

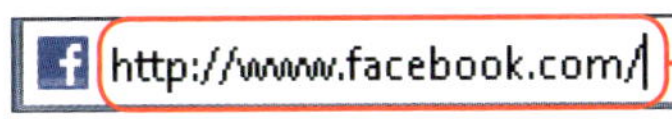

ein, und schließen Sie die Eingabe ab, indem Sie wie gewohnt die ↵-Taste drücken. Daraufhin öffnet sich die Startseite von Facebook.

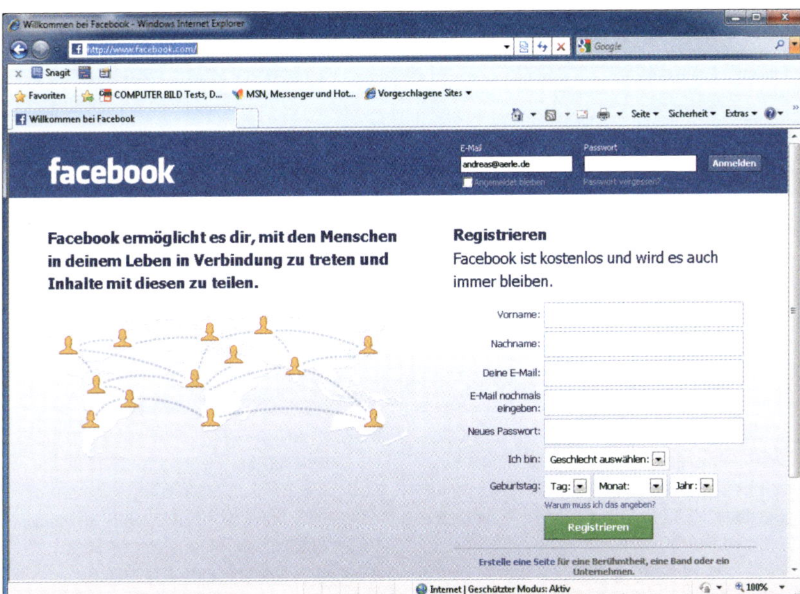

3 Für die Anmeldung bei Facebook sind nur wenige Informationen nötig. Klicken Sie erst auf , und geben Sie Ihren Vornamen ein, klicken Sie dann auf ,

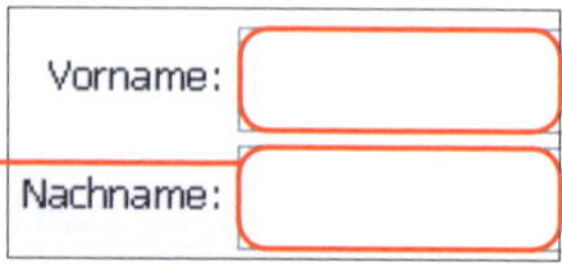

und tragen Sie Ihren Nachnamen ein. Auch bei Facebook werden Sie als Benutzer innerhalb des Facebook-Netzwerkes wieder über die E-Mail-Adresse identifiziert. Klicken Sie auf , und tippen Sie diese ein. Wiederholen Sie die Eingabe anschließend direkt darunter: .

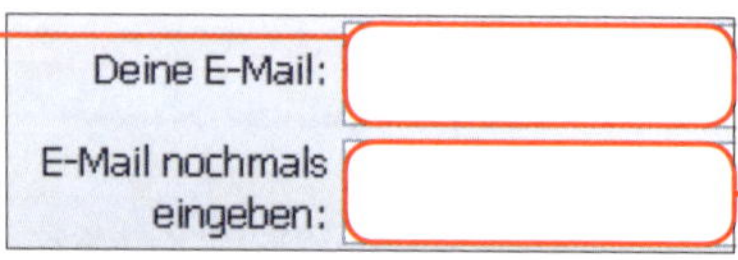

4 Überlegen Sie sich ein Passwort, und geben Sie dieses in das dafür vorgesehene Feld ein.

5 Facebook legt Wert darauf, dass sich hinter angemeldeten Benutzern auch tatsächliche Personen befinden. Aus diesem Grund müssen Geschlecht und Geburtsdatum eingegeben werden. Klicken Sie dazu auf ,

und wählen Sie dann aus der sich öffnenden Auswahlliste mit einem Mausklick den passenden Eintrag aus.

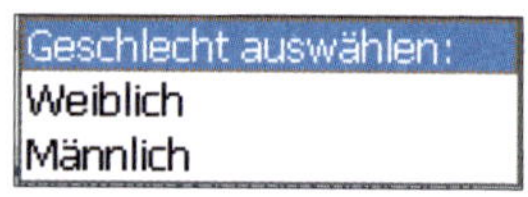

Klicken Sie danach auf ,

und wählen Sie aus der Liste den Tag, an dem Sie geboren sind. Wiederholen Sie dies für Ihren Geburtsmonat und das Geburtsjahr .

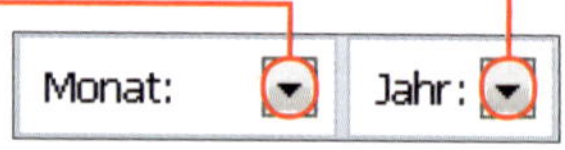

Wahl des Passworts

Je mehr **Dienste** Sie nutzen, desto mehr Passwörter müssen Sie vergeben. Da liegt es nahe, immer dasselbe zu verwenden. Eines sollten Sie dabei aber beachten: Falls Sie es verlieren oder irgendjemand Kenntnis davon bekommt, dann kann er nicht nur den betroffenen Dienst in Ihrem Namen nutzen, sondern theoretisch alle, bei denen Sie dieses Passwort benutzt haben. Wenn Sie unterschiedliche Passwörter verwenden, dann ist der Merkaufwand zwar größer, der Aufwand einer etwaigen Passwortänderung allerdings deutlich geringer!

Datenschutz und Privatsphäre

Im Standard nutzt Facebook zum Beispiel Ihr Geburtsdatum, um Ihren „Freunden“ (also den Mitgliedern Ihres Facebook-Netzwerkes) zeitnah mitzuteilen, dass Sie in der kommenden Woche Geburtstag haben. Wenn Sie dies nicht wünschen, können Sie die entsprechende Einstellung im Bereich der Privatsphäre (siehe Seite 97) vornehmen.

6 Zum Abschluss der Anmeldung genügt ein Mausklick auf

.

Um sicherzustellen, dass Sie ein Mensch aus Fleisch und Blut sind und kein Roboter aus dem Internet, müssen Sie nun die Wörter eingeben, die hier angezeigt werden. Sollten Sie diese nicht entziffern können, klicken Sie auf .

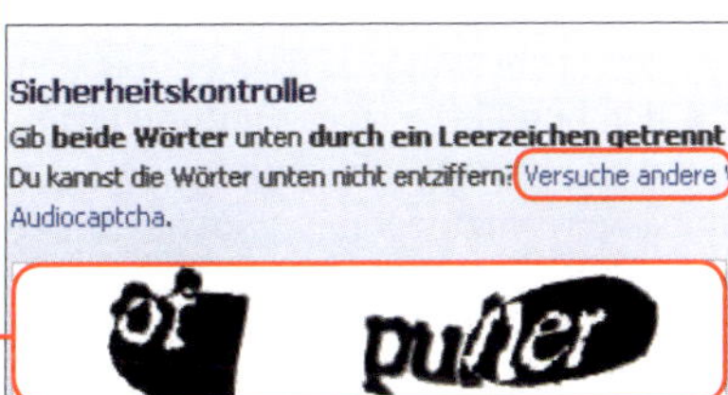

Für die Eingabe klicken Sie in das Feld

und tippen die Worte aus der Grafik (im Beispiel „of puller“) ein.

7 Damit Ihr Konto dann endgültig angelegt wird, klicken Sie auf

.

Wie XING schickt Ihnen Facebook daraufhin eine **E-Mail**, die Sie öffnen und mit einem Klick auf den darin enthaltenen Link bestätigen müssen (siehe Seite 39).

Eine eigene Seite erstellen

Wenn Sie nicht als Einzelperson, sondern als Firma oder Verein in Facebook auftreten möchten, können Sie dies auch gleich bei der Anmeldung festlegen. Später müssen Sie die Seite dann mit Ihrem Facebook-Konto verknüpfen. Es ist also durchaus sinnvoll, bereits im Vorfeld ein Konto anzulegen, wie es im vorigen Abschnitt beschrieben wurde.

1 Zum Erstellen einer Seite klicken Sie, statt Ihre persönlichen Daten einzugeben, direkt am Anfang auf .

2 Falls Sie eine Firma vertreten, klicken Sie dann auf ●. Geht es hingegen um Ihren Verein oder ein Produkt setzen Sie stattdessen in dem zweiten Kreis per Mausklick einen Punkt. Vielleicht möchten Sie aber auch Ihre Band oder eine andere „Kunstfigur" auf Facebook präsentieren. In diesem Fall ist ein Klick auf ●

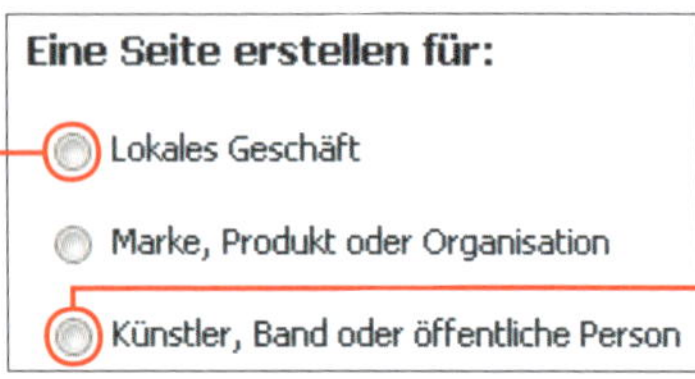

die richtige Wahl. Im Beispiel heißt die Band, für die eine Seite erstellt werden soll, „Second". Sie müssen nun genauer definieren, was „Second" eigentlich ist: Dazu öffnen Sie per Klick auf ●

eine Auswahlliste und klicken dann auf den Eintrag, der am besten zutrifft, also ●.

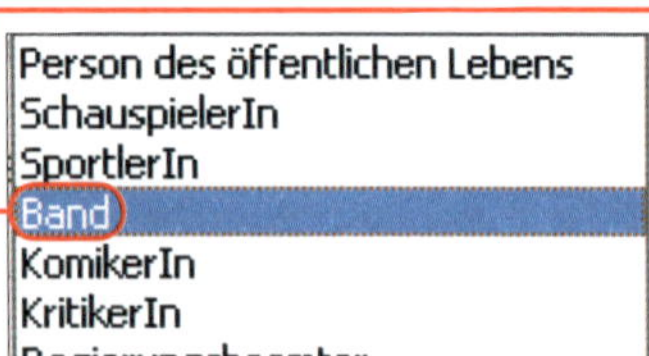

3 Geben Sie als Nächstes einen sprechenden Namen für die Seite ein. Achten Sie darauf, dass die Schreibweise genau der offiziellen entspricht und für jemanden, der auf Facebook danach sucht, dann auch wirklich leicht zu finden ist.

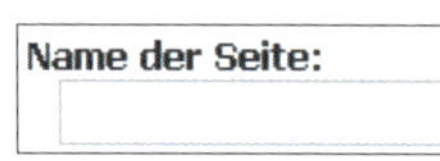

4 Um zu bestätigen, dass Sie tatsächlich berechtigt sind, für diese Firma, Band etc. zu sprechen und eine Facebook-Seite anzulegen, setzen Sie mit einem Mausklick in das Kästchen ●

einen Haken.

Echte Angaben verwenden

Das Internet ist flexibel und glaubt Ihnen vom Grundsatz her erst einmal alles. Sie sollten allerdings vermeiden, bei der Anmeldung so zu tun, als wären Sie jemand anderes. Nur derjenige, der für die Firma oder den Verein tatsächlich dazu berechtigt ist, darf auch die entsprechende Seite anlegen. Neben den rechtlichen Problemen, die daraus entstehen können, ist Facebook sehr schnell dabei, ein „unberechtigtes" Konto zu löschen. Da Facebook wie XING und Twitter davon lebt, dass Sie im Laufe der Zeit viel Energie investieren, um ein eigenes **Netzwerk** aufzubauen, wäre der Verlust des Kontos und aller Kontakte darin ein herber Verlust!

5 So einfach ist das Anlegen einer Facebook-Seite! Jetzt brauchen Sie die eingegebenen Informationen an Facebook nur noch per Klick auf

abzusenden. Die Sicherheitsabfrage bestätigen Sie mit einem Klick auf die Schaltfläche ●.

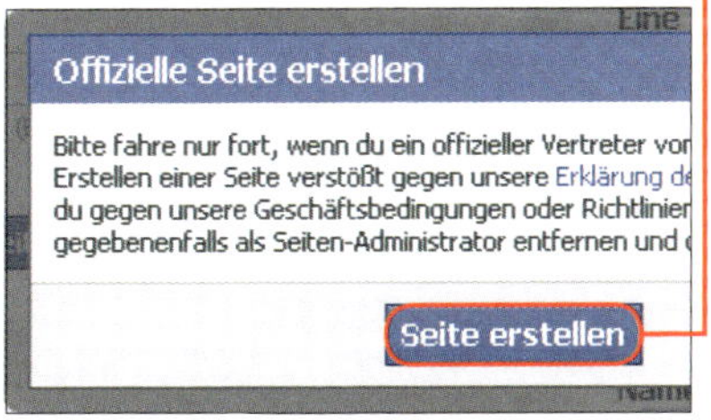

6 Zum Verknüpfen der gerade angelegten Seite mit einem Facebook-Konto klicken Sie dann auf ●.

Anschließend geben Sie Ihre E-Mail-Adresse und Ihr Passwort ein.

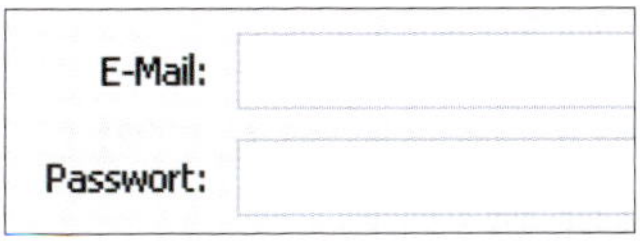

7 Wenn Sie später automatisch bei Facebook angemeldet werden möchten und sich somit das erneute Eingeben von E-Mail-Adresse und Passwort ersparen wollen, klicken Sie auf ●.

Dies empfiehlt sich allerdings nur, wenn Sie Ihren Rechner tatsächlich alleine nutzen. Falls gleichzeitig auch Familienmitglieder oder Kollegen daran arbeiten, sollten Sie dies vermeiden, denn sonst könnte jemand Fremdes in Ihrem Namen auf Facebook aktiv werden.

8 Zu guter Letzt bestätigen Sie Ihre Eingaben mit einem Mausklick auf

.

Schon sind Sie registrierter Facebook-Benutzer mit einer eigenen Seite! Wie Sie diese mit Informationen anreichern, lesen Sie ab Seite 89.

Bei Facebook anmelden

Nachdem Sie Ihr Konto angelegt haben, müssen Sie sich immer wieder bei Facebook anmelden, wenn Sie Ihre Kontoeinstellungen ändern möchten, Freunde einladen oder Ihre Seite pflegen wollen.

1 Rufen Sie die Facebook-Seite auf, wie in den Schritten 1 und 2 auf Seite 81 beschrieben.

2 Am oberen Bildschirmrand rechts finden Sie die Anmeldemaske.

Klicken Sie darin auf ●,

um Ihre E-Mail-Adresse einzugeben, und danach auf ●

um Ihr Passwort einzutragen.

3 Auch hier können Sie bestimmen, dass Ihre Anmeldung gespeichert werden soll, was Ihnen die wiederholte Eingabe Ihrer Daten ersparen kann. Setzen Sie dazu per Mausklick in das Kästchen ● einen Haken.

4 Damit die Anmeldung endgültig erfolgt, reicht wieder ein abschließender Mausklick auf die Schaltfläche

.

> **! Ein vergessenes Passwort anfordern**
>
> Auch das menschliche Gedächtnis hat seine Grenzen. Wenn Sie Facebook eine Zeitlang nicht verwendet haben, dann kann es durchaus passieren, dass Sie das Passwort vergessen haben. Keine Sorge, dies bedeutet nicht den Verlust all Ihrer Freunde, zumindest nicht Ihrer Kontaktdaten auf Facebook. Klicken Sie einfach auf den Eintrag
>
> 
>
> ,
>
> und folgen Sie anschließend den Anweisungen auf dem Bildschirm.
> Vergleichbar zu XING (siehe Seite 44/45) erhalten Sie dann wieder eine E-Mail, über die Sie Ihr Passwort zurücksetzen und ein neues wählen können.

Erste Schritte mit Facebook

Facebook versucht, Ihnen den Start so einfach wie möglich zu machen, und leitet Sie am Anfang direkt durch die grundlegenden Einrichtungsschritte. Dieses wird Ihnen auch am oberen Bildschirmrand angezeigt.

Und so können Sie direkt mit Facebook loslegen:

Freunde automatisch suchen

Da Facebook die Identifizierung von Mitgliedern anhand der E-Mail-Adresse vornimmt, macht es Sinn, für Ihre Kontakte nachzuschauen, ob diese bereits über ihre E-Mail-Adresse bei Facebook registriert sind. Bevor Sie aber die Mühe auf sich nehmen, alle E-Mail-Adressen einzeln einzugeben: Lassen Sie doch ganz einfach Facebook die E-Mails in Ihrem E-Mail-Postfach durchsuchen und für jeden Absender automatisch prüfen, ob er bereits bei Facebook ist.

1 Für einige Standard-E-Mail-Anbieter wie ● geht dies ganz einfach.

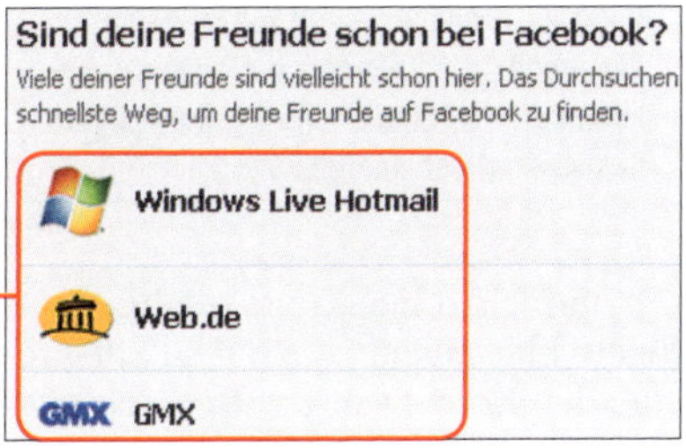

Klicken Sie neben dem Anbieternamen auf den Eintrag

.

2 Im Folgenden soll das Verfahren am Beispiel eines Windows Live Hotmail-Kontos gezeigt werden. Für andere E-Mail-Konten ist die Methode aber vergleichbar. Klicken Sie auf ●, und tippen Sie Ihre E-Mail-Adresse ein.

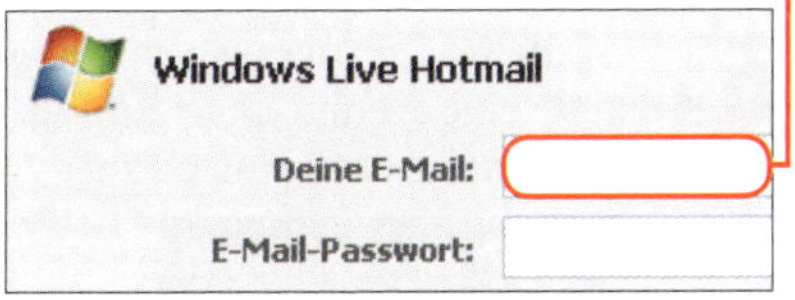

> **Unterschiedliche E-Mail-Konten**
>
> Wenn Sie sich jetzt fragen, warum Sie Ihre E-Mail-Adresse und Ihr Passwort neu eingeben müssen, obwohl diese bei Facebook doch gespeichert sind, dann ist diese Frage grundsätzlich berechtigt. Allerdings haben viele Anwender mehrere E-Mail-Adressen, unter anderen eine, die sie für die normale Kommunikation nutzen, und eine andere, die sie für Facebook verwenden. Insofern geben Sie für die automatische Kontaktsuche am besten die E-Mail-Adresse ein, bei der Sie die meisten Kontakte gespeichert haben.

Windows Live Hotmail erlaubt einen sicheren Zugriff auf Ihre E-Mails - und das, ohne dass Sie bei Facebook Ihr Passwort eingeben müssen. Sobald Sie die E-Mail-Adresse fertig eingetragen haben, „verschwindet" das Eingabefeld für das Passwort. Dies ist so gewollt. Klicken Sie jetzt auf

.

3 Anschließend werden Sie auf die Anmeldeseite des Anbieters von Windows Live Hotmail weitergeleitet. Dort erhalten Sie den Hinweis, dass Facebook Ihre Kontakte importieren möchte: ●.

Klicken Sie in das Eingabefeld ●,

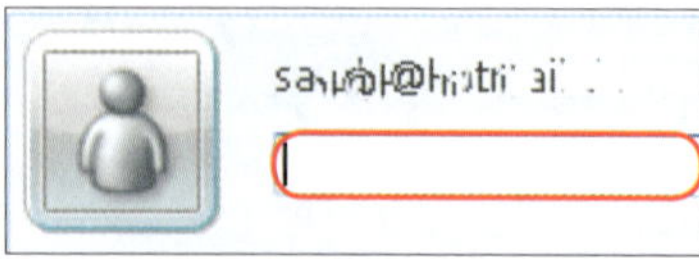

und geben Sie über die Tastatur Ihr Passwort für das E-Mail-Postfach ein. Dieses ist damit nur bei Windows Live Hotmail (wo es auch hingehört), nicht aber bei Facebook gespeichert.

4 Damit die Verbindung zu Ihrem Postfach hergestellt und die Kontakte abgerufen und an Facebook übertragen werden, brauchen Sie dann nur noch auf die Schaltfläche ● zu klicken.

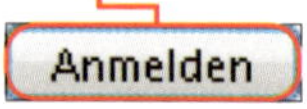

5 Nach einem kurzen Moment zeigt Ihnen Facebook alle Kontakte an, die sowohl in Ihrem Windows Live Hotmail-Postfach als auch in Facebook unter der gewählten E-Mail-Adresse gefunden wurden. Die Zahl der Übereinstimmungen finden Sie hier: ●. Wenn Sie alle gefundenen Kontakte als Freunde hinzufügen möchten, klicken Sie auf ●.

Schutz der Informationen

Um größtmögliche Sicherheit zu gewährleisten, erfolgt die Übertragung der Kontakte nicht aus Facebook, sondern von dem E-Mail-Konto, dem die Kontakte gehören. Ein einfacher Vergleich hilft hier: Wenn Sie etwas verkaufen und Angst haben, dass der Käufer in Ihrer Wohnung Unfug macht, dann bringen Sie ihm die Ware einfach … So gelangt er gar nicht erst in Ihre Wohnung. Analog dazu liefert im Beispiel Windows Live Hotmail die Kontakte an Facebook – auf diese Weise hat Facebook selbst niemals Ihr Passwort bekommen und kann auch nichts mit Ihrem E-Mail-Postfach anstellen.

Um nur einzelne Kontakte hinzuzufügen, klicken Sie neben dem entsprechenden Kontakt in das dazugehörige Kästchen ●, um es mit einem Haken zu kennzeichnen.

6 Jetzt können Sie an die ausgewählten Kontakte eine Freundschaftsanfrage senden. Klicken Sie dazu einfach auf

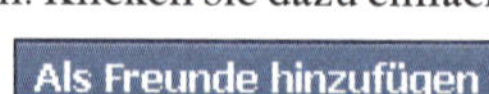

.

Darüber werden Sie in einem kleinen Hinweisfenster informiert:

> **Freunde und Fremde**
>
> Keine Frage: Der Begriff „Freunde" für Ihre Facebook-Kontakte ist irreführend. Oftmals sind es entfernte Bekannte, Geschäftspartner, Menschen, mit denen Sie manchmal bestenfalls losen Kontakt haben. Überlegen Sie sich, wen Sie als „Freund" wirklich hinzufügen wollen. Jemand, mit dem Sie gerade mal die Kontaktdaten ausgetauscht haben und mit dem Sie sonst nicht viel zu tun haben, wird sich durch eine Facebook-Einladung vielleicht eher gestört als geehrt fühlen!

7 Klicken Sie nun auf den Befehl

Überspringen

und dann auf die Schaltfläche

Weiter,

um diesen Schritt abzuschließen. Daraufhin gelangen Sie wieder zur Übersicht mit Schritt 1 der Facebook-Seite (siehe Seite 86/87) und können bei Bedarf weitere E-Mail-Postfächer durchsuchen. Wenn Sie dies nicht möchten, klicken Sie einfach auf

Diesen Schritt überspringen.

Erste Profilinformationen eingeben

Auch Facebook versucht, Ihnen Kontakte automatisch zu empfehlen, und benötigt dazu noch ein paar weitere Informationen von Ihnen, die sogenannten „Profilinformationen". Diese sind freiwillig, müssen also nicht zwingend eingegeben werden. Der einzige Nachteil: Facebook-Mitglieder, die Ihre E-Mail-Adresse nicht haben, können Sie dann schwerer finden.

1 Wenn Sie diese bei Facebook als Schritt 2 bezeichneten Eingaben nicht machen wollen, klicken Sie auf

Überspringen.

Andernfalls klicken Sie auf

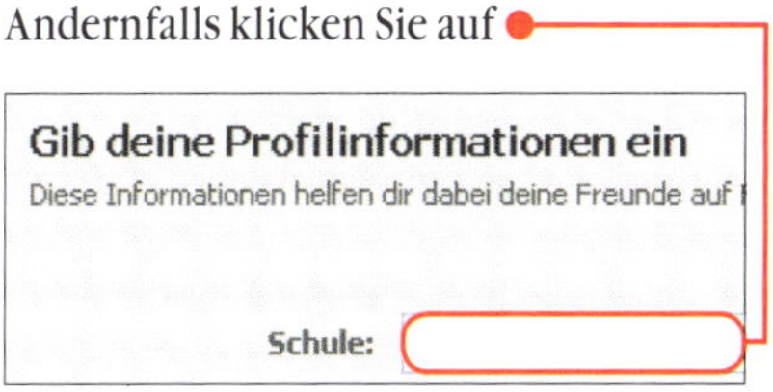

und tippen den Namen der Schule ein, auf der Sie waren. Auch für Ihre Hochschule und Ihren aktuellen Arbeitgeber stehen Eingabefelder zur Verfügung.

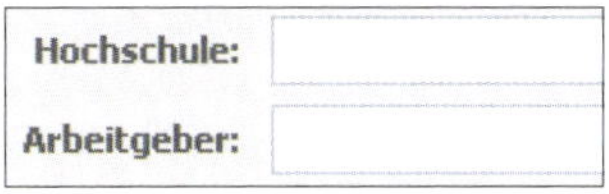

2 Zum Speichern der eingegebenen Profilinformationen genügt ein Mausklick auf die Schaltfläche

.

3 Anhand der von Ihnen eingetragenen Informationen schlägt Ihnen Facebook eine Auswahl von Mitgliedern vor, die Sie kennen könnten.

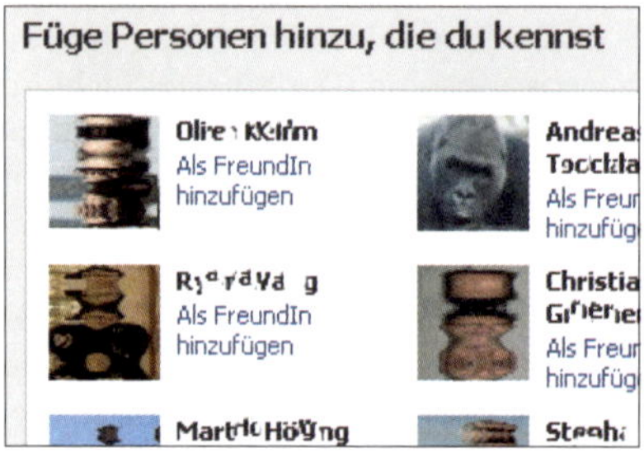

Nun können Sie jeden dieser Kontakte, den Sie anhand des Namens oder Profilbildes wieder erkennen, per Klick auf

zu der Liste Ihrer Freunde hinzufügen.

> **! Freundschaft hat zwei Seiten**
>
> Nur weil Sie eine Person als „Freund" hinzufügen, ist diese noch nicht in Ihren Facebook-Freundeskreis aufgenommen. Facebook verschickt in Ihrem Namen zunächst nur eine Freundschaftsanfrage. Erst wenn der Angeschriebene diese bestätigt, sind Sie miteinander in Facebook verbandelt. Mehr dazu lesen Sie auf Seite 115!

6 Auch die Eingabe der Profilinformationen, die Facebook in der Übersicht der Grundeinstellungen als Schritt 2 bezeichnet, beenden Sie mit einem einfachen Mausklick auf

.

Profilbild festlegen

In der soeben durchgeführten ersten Suche nach Bekannten und Freunden in den Weiten von Facebook haben Sie schon gesehen, wie wichtig ein Profilbild ist, um eine Person zu identifizieren. Erst die Kombination aus Bild und Namen schafft Sicherheit, dass es sich auch wirklich um die Person handelt, die Sie kennen. Höchste Zeit also auch für Sie, ein Profilbild hinzuzufügen. Dies ist der letzte Schritt, den Facebook mit Ihnen gemeinsam nach dem Anlegen Ihres Facebook-Kontos durchführt. Keine Sorge: Für alles andere gibt es dieses Buch!

1 Facebook zeigt Ihnen anfangs noch ein leeres Profilbild an:

Um ein neues Profilbild hochzuladen, klicken Sie auf den Befehl

.

2 Im Fenster, das sich daraufhin öffnet, folgt ein Klick auf die Schaltfläche ●.

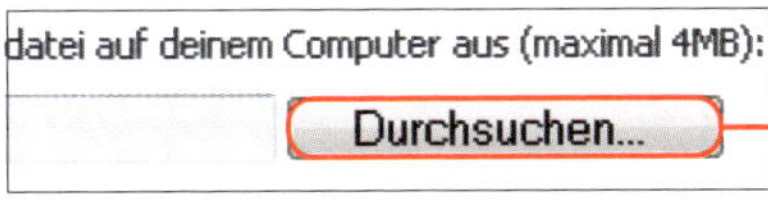

Navigieren Sie nun - wie vom Windows-**Explorer** gewöhnt - durch Ihre Festplatte an den Speicherort, wo sich das gewünschte Bild befindet.

3 Haben Sie das gewünschte Bild gefunden, im Beispiel ●,

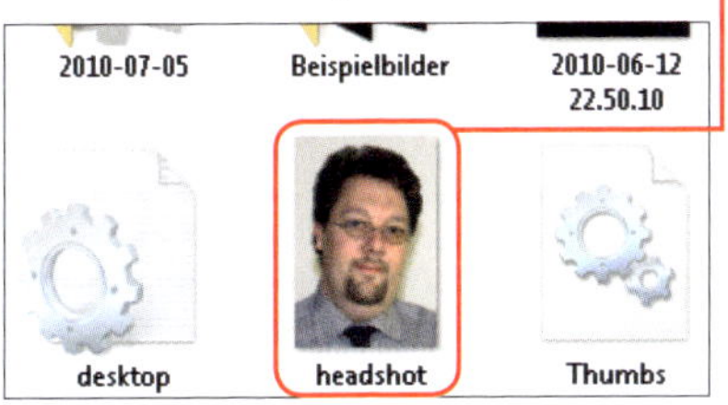

markieren Sie es mit einem Mausklick und klicken dann auf

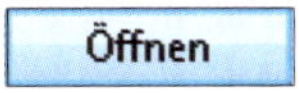

.

4 Anschließend überträgt Ihr Rechner das Bild zu Facebook, wie Sie auch an einer Fortschrittsanzeige ●

sehen können. Wenn der Fortschrittsbalken verschwindet, klicken Sie auf

.

5 Damit ist die Grundeinrichtung abgeschlossen, und Sie bekommen das erste Mal Ihre persönliche Facebook-Seite angezeigt.

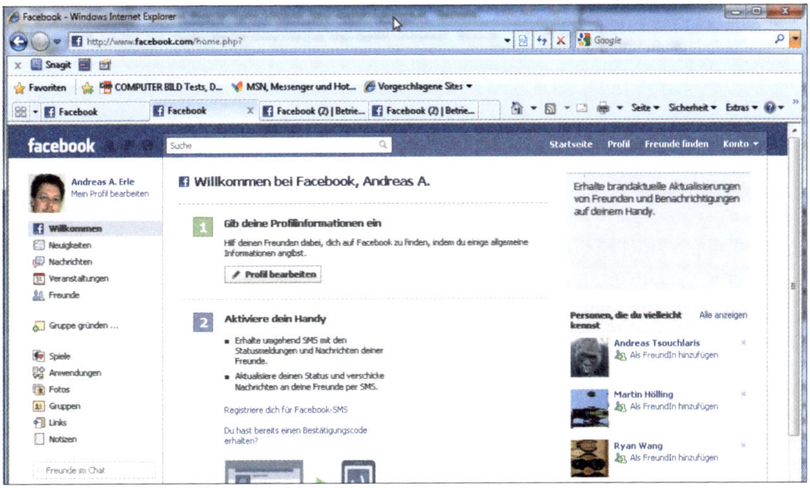

7 Privatsphäre schützen bei Facebook

So schön Facebook als **Dienst** ist und so viel positive Erwähnung ihm zuteil wurde, eine Diskussion wird immer wieder geführt: die des Datenschutzes und der Privatsphäre. Wer auf Facebook mit seinen Freunden kommuniziert, der ist damit automatisch in der Öffentlichkeit und muss davon ausgehen, dass seine Beiträge und Diskussionen auch von anderen gelesen und mitverfolgt werden können. Nichtsdestotrotz bietet Facebook eine Vielzahl von Einstellmöglichkeiten, die Ihnen die Kontrolle darüber erlauben, wer was von Ihnen sehen kann und wer nicht.

Im siebten Kapitel dieses Buches erfahren Sie,

- wie Sie festlegen, für wen welche Informationen über Sie sichtbar sind,
- wie Sie Ihr Profil im Internet schützen können,
- wie Sie Ihr Facebook-Konto sperren
- und wie Sie sich endgültig bei Facebook abmelden und Ihre Daten löschen lassen.

Kapitel-Wegweiser

Einstellungen zur Privatsphäre vornehmen

Facebook sammelt alle Einstellungen, die die Sichtbarkeit der von Ihnen eingegebenen Daten betreffen, unter dem Stichwort „Privatsphäre". Wie Sie im Folgenden sehen werden, haben Sie hier zahlreiche Einstellmöglichkeiten, um Ihre Daten gezielt zu schützen.

Allgemeine Einstellungen

1 Starten Sie Ihr Internetzugriffsprogramm, und melden Sie sich, wie auf Seite 85/86 beschrieben, an Ihrem Facebook-Konto an. Klicken Sie dann auf

und anschließend auf den Eintrag ●.

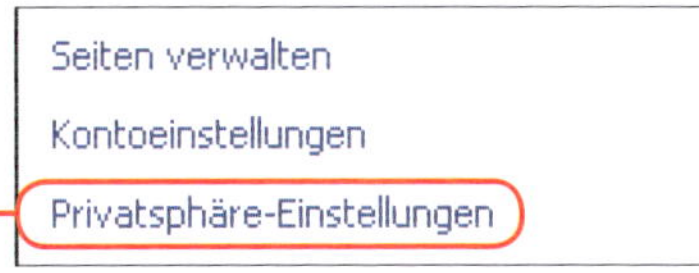

2 Facebook lädt daraufhin die Privatsphäre-Seite. Im ersten Abschnitt finden sich Optionen für „allgemeine Informationen",

die sich auf Ihre Profildaten beziehen. Klicken Sie hier auf ●.

3 Nun können Sie für eine Vielzahl von Unterpunkten ●

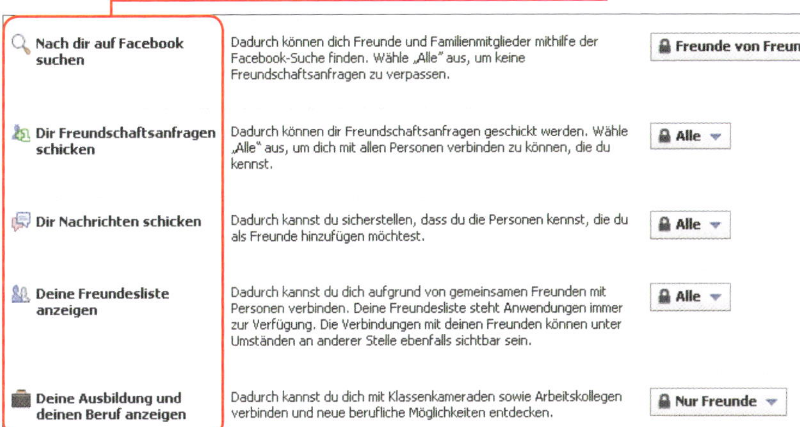

in den Auswahlfeldern rechts daneben bestimmen, wer die jeweiligen Angaben sehen soll. Dazu klicken Sie neben den jeweiligen Kategorien (die noch näher beschrieben werden) auf den Pfeil

und danach im geöffneten Auswahlmenü auf den gewünschten Eintrag.

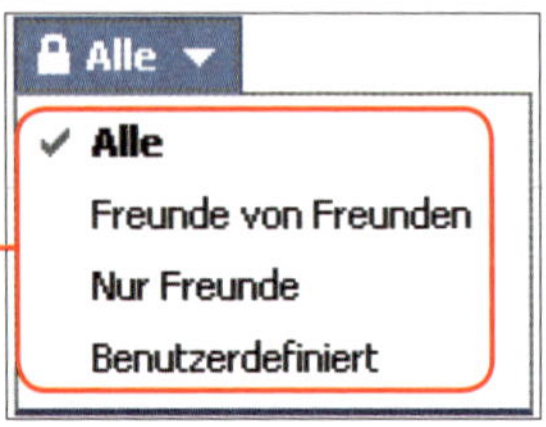

■ Wenn Sie „Nur Freunde" markieren, ist die daneben beschriebene Option ausschließlich Menschen zugänglich, die Sie zuvor in Ihre Freundesliste aufgenommen haben. So können Sie beispielsweise den Einblick auf Angaben zu Ihrem beruflichen Werdegang auf Ihre Bekannten beschränken.

■ Markieren Sie hingegen „Freunde von Freunden", können auch Menschen, die nur Kontakte Ihrer Freunde sind, die Sie aber vielleicht gar nicht kennen, die Option nutzen. So können beispielsweise Menschen nach Ihnen auf Facebook suchen, die Sie zwar nicht persönlich kennen, mit denen Sie aber gemeinsame Freunde verbinden.

■ Ist allerdings die Option „Alle" markiert, so gibt es keine Einschränkung mehr. Dies bedeutet, dass jedem Facebook-Benutzer die entsprechende Option offensteht. So können Ihnen beispielsweise auch fremde Menschen Freundschaftsanfragen schicken.

■ Bei manchen Angaben finden Sie im Auswahlmenü noch den Eintrag

.

In einem solchen Fall können Sie die Angaben auf einzelne Benutzer beschränken (siehe Seite 96).

Privatsphäre oder Auffindbarkeit?

Wie vieles im Leben haben auch die Privatsphäre-Einstellungen bei Facebook immer genau zwei Seiten: Je privater Sie Ihre eigenen Daten machen, desto weniger laufen Sie Gefahr, dass jemand Zugriff darauf bekommt, dem Sie dies eigentlich nicht gestatten möchten. Auf der anderen Seite schränken zu enge Privatsphäre-Einstellungen natürlich den Nutzwert von Facebook ein, denn je weniger andere Benutzer Sie finden können, desto weniger Kontakte haben Sie auch. Wägen Sie also genau ab, wie vertraulich Ihre Informationen sind, und setzen Sie die Privatsphäre-Einstellungen dementsprechend.

4 Nehmen Sie als Erstes die Einstellungen für die Kontaktmöglichkeiten vor:

■ Um festzulegen, wer Sie in Facebook finden kann, nutzen Sie die Option

Nach dir auf Facebook suchen.

Wenn Sie diese Option nur auf Ihre Freunde oder deren Freunde einschränken, kann kein Fremder Sie mehr in Facebook finden.

- Wem möchten Sie erlauben, Ihnen Freundschaftsanfragen zu senden? Unter der Option

Dir Freundschaftsanfragen schicken

können Sie dies bestimmen. Eine Einschränkung bedeutet hier, dass nur noch Freunde von Freunden Ihnen neue Freunde vorschlagen können, aber kein Fremder sich mit Ihnen in Verbindung setzen kann. Natürlich können Sie selbst andere Facebook-Nutzer immer noch als Freunde hinzufügen.

- Mit der dritten Einstellung schließlich

Dir Nachrichten schicken

legen Sie fest, wer Ihnen in Facebook E-Mails senden darf. Facebook lebt wie jeder Dienst im Internet von der Kommunikation zwischen den Mitgliedern, die sich über Facebook gegenseitig Nachrichten schicken. Hier empfiehlt es sich allerdings, dies nur Freunden und deren Freunden zu gestatten, denn diese haben in der Regel einen Grund, Ihnen eine Nachricht zu schicken. Das Einschränken der Kontaktierbarkeit schützt Sie davor, von unerwünschten Werbe-E-Mails überflutet zu werden.

5 Bei den folgenden Optionen geht es um die öffentliche Sichtbarkeit von Informationen, die Ihre Freunde beziehungsweise Ihr Profil betreffen. So steuert die Einstellung

Deine Freundesliste anzeigen,

wer alles die Liste Ihrer Freunde sehen darf. Die Freundesliste ist Ihr persönliches **Netzwerk** auf Facebook, und besonders hier kann es wichtig sein, dieses nur bestimmten Anwendern zu zeigen. Nicht jeder soll beispielsweise wissen, dass Sie mit Mitarbeitern der Konkurrenz befreundet sind, selbst wenn dies überhaupt keinen Einfluss auf Ihre Arbeit hat. Und vielleicht will auch genau dieser Freund, der beim Mitbewerber arbeitet, nicht, dass jeder über Ihre Bekanntschaft Bescheid weiß. Hier ist auf jeden Fall Zurückhaltung gefragt. Klicken Sie also auf ● und dann auf ●

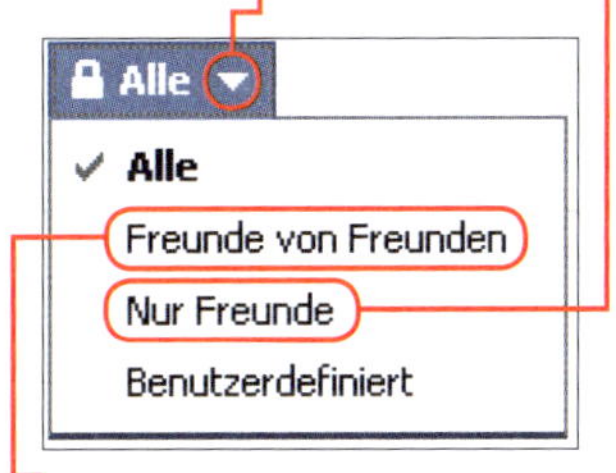

oder ●, um Ihre Freundesliste nur Ihren Freunden oder auch deren Freunden freizugeben.

6 Um auszuschließen, dass Ihre Freundesliste überhaupt öffentlich sichtbar wird, klicken Sie auf den untersten Eintrag

.

Öffnen Sie im nächsten Fenster mit einem Mausklick auf ●

eine Liste, und bestimmen Sie darin mit einem weiteren Klick auf ●,

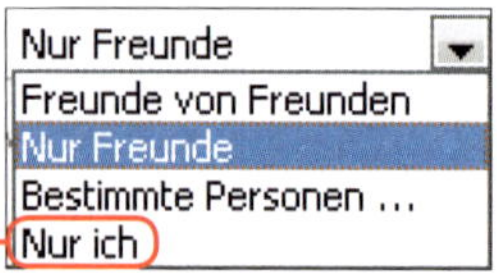

dass Ihre Freundesliste niemand außer Ihnen selbst sehen kann.

7 Wenn Sie stattdessen in der benutzerdefinierten Auswahlliste den Eintrag ●

anklicken, können Sie ganz gezielt einzelne Facebook-Benutzer über die Tastatur eingeben, und nur diese können dann Ihre Freundesliste sehen. Während Sie die Namen der Freunde, die die Liste sehen dürfen, eintippen, werden automatisch die Namen Ihrer Kontakte angezeigt – und von Buchstabe zu Buchstabe wird die Liste der Freunde, deren Namen die eingegebenen Zeichen enthalten, immer kürzer.

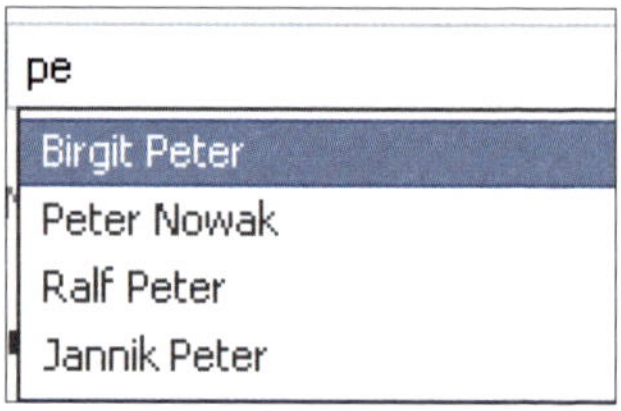

8 Sobald Sie den Namen der Person sehen, die Einblick in Ihren Freundeskreis haben soll, klicken Sie den Namen einfach an und nehmen ihn so ins Feld ● auf. Auf die gleiche Weise fügen Sie gleich weitere Freunde hinzu. Wenn Sie einem Freund die Erlaubnis entziehen wollen, klicken Sie einfach auf ●.

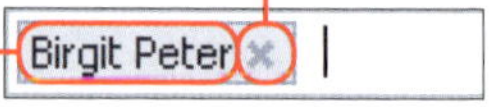

Alternativ können Sie in diesem Fenster auch einzelnen Freunden den Zugriff auf Ihre Freundesliste verbieten. Klicken Sie dazu auf ●,

und geben Sie deren Namen ein. Speichern Sie die Einstellungen abschließend per Klick auf

Einstellung speichern.

9 Auf dieselbe Weise können Sie nun die restlichen allgemeinen Einstellungen vornehmen.

■ Wer Ihre Ausbildungsorte und aktuellen Arbeitgeber sehen darf, steuern Sie über die Option

Deine Ausbildung und deinen Beruf anzeigen.

■ Und wer Ihren aktuellen Wohnort und Ihre Heimatstadt sehen kann, lässt sich über die Option

Deinen derzeitigen Wohnort und deine Heimatstadt anzeigen

festlegen. Das Verbergen dieser Informationen macht es Fremden schwerer, Sie anhand Ihres Namens und des Wohnortes zum Beispiel im Telefonbuch zu identifizieren und außerhalb von Facebook zu kontaktieren.

■ Um zu bestimmen, wer Ihre in Ihrem Profil gespeicherten Interessen und die Facebook-Seiten, für die Sie verantwortlich sind, sehen darf, nutzen Sie die Option

Deine Vorlieben, Aktivitäten und andere Verbindungen anzeigen.

Wenn Sie diese Informationen für jeden sichtbar lassen, werden Sie automatisch mehr Freundschaftsanfragen von Fremden bekommen, die dieselben Interessen haben wie Sie.

10 Um anschließend wieder auf die Hauptseite der Privatsphäre-Einstellungen zurückzukehren, klicken Sie einfach auf

◂ Zurück zu Privatsphäre.

Spezielle Inhalte schützen

Neben den allgemeinen Profilinformationen, die Sie einmal eingeben und dann nur noch selten ändern oder ergänzen, werden Sie vor allem in der direkten

Trennung von privaten und beruflichen Freunden

Facebook selbst erlaubt keine Trennung Ihrer Freunde nach bestimmten Kriterien. Sie sollten sich daher gut überlegen, wer in Ihren Freundeskreis aufgenommen gehört und wer nicht. Oft redet man ein wenig lockerer, wenn man sich im Kreise der Vertrauten wähnt, und da haut man schon mal ein „Montagmorgen, ich hab' keine Lust“ in die Tasten. Ein Freund kann dies meist nachvollziehen, der eigene Chef vielleicht eher nicht. Empfehlenswert ist es, private Freunde bei Facebook zu führen und berufliche Kontakte eher in XING zu pflegen.

Spezielle Inhalte schützen

Kommunikation mit Ihren Freunden viele Informationen preisgeben und nutzen (siehe nächstes Kapitel ab Seite 111). Auch diese Angaben können Sie ganz fein abgestimmt nur bestimmten Facebook-Benutzern zugänglich machen oder verbergen.

1 Rufen Sie wieder die Privatsphäre-Einstellungen auf, wie auf Seite 93 gezeigt. Im Bereich ● können Sie anhand der zugeordneten Sternchen sehen, welcher Benutzertyp welche Art von Inhalten angezeigt bekommt, beispielsweise ●.

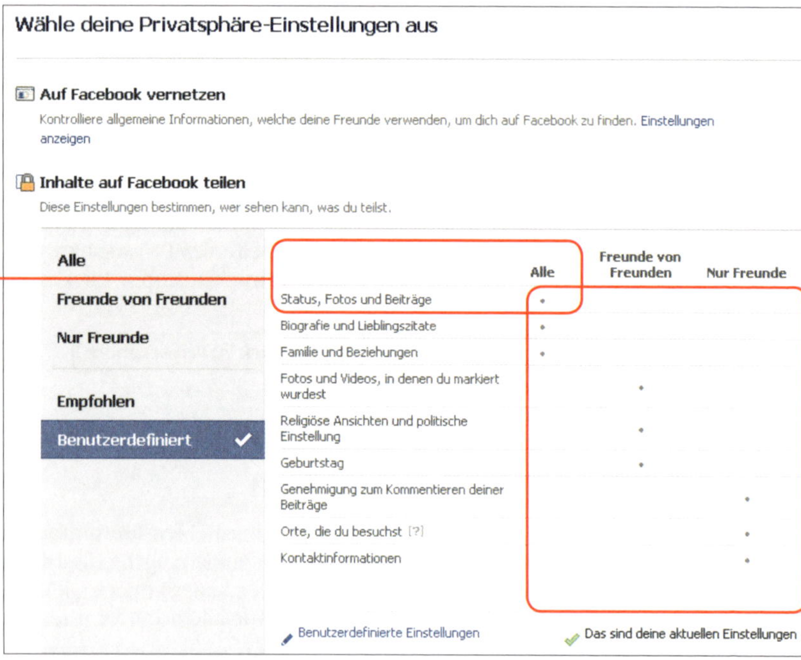

Auch hier ist die Unterscheidung wieder „Alle“, „Freunde von Freunden“ und „Nur Freunde“.

2 Wie im vorigen Abschnitt erläutert, können Sie über die Optionen ● die eigenen Facebook-Inhalte mit Standardeinstellungen freigeben.

Um für einzelne Informationen separat einzustellen, wer Sie sehen darf, klicken Sie im Bereich „Inhalte auf Facebook teilen" als Erstes auf.

3 Anschließend folgt ein Mausklick auf den Eintrag

.

Daraufhin werden die verschiedenen Themenbereiche im Einzelnen detailliert untereinander aufgelistet.

Damit Sie in der Liste auch die Informationen sehen können, die noch nicht sichtbar sind, nutzen Sie wieder den Rollbalken der Bildlaufleiste am rechten Bildschirmrand. Klicken Sie ihn an, halten Sie die Maustaste gedrückt, und ziehen Sie den Balken mit weiterhin gedrückter Maustaste nach oben oder unten, um die Anzeige entsprechend zu verschieben.

4 Nun können Sie, wie im vorangegangenen Abschnitt beschrieben, ganz genau bestimmen, wer diese Inhalte sehen darf und wer nicht. Angaben, die Sie selbst machen, so zum Beispiel Ihre Beiträge (siehe Seite 112), allgemeine Informationen über Interessen, Biografien - also Informationen, die Sie in Ihrem Profil eingeben können - lassen sich im Bereich steuern.

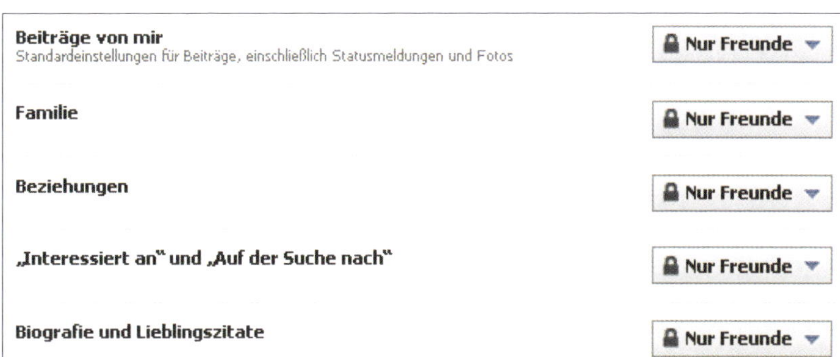

5 Eine wichtige Einstellung, über die Sie sich Gedanken machen sollten, finden Sie unter ● und ●.

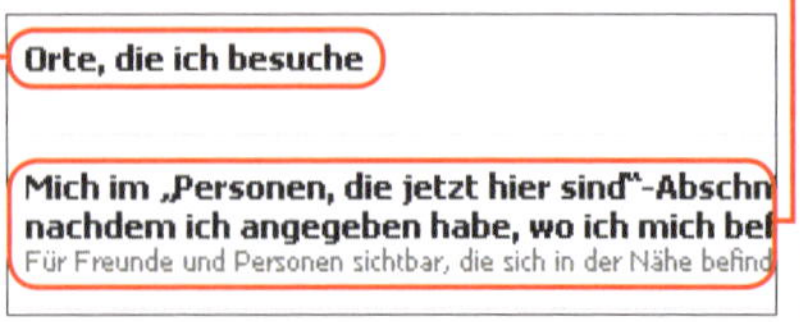

Facebook wird bald einen Dienst namens „Places" (Orte) starten, der Ihre Beiträge mit dem Hinweis versieht, wo Sie sich gerade befinden. Diese Information wird bei Nutzung eines PCs über die Internetverbindung (die den Ort Ihrer Interneteinwahl übermittelt), bei Nutzung eines mobilen Geräts über die Zugangsinformationen zum Mobilfunknetz oder sogar durch Satellitenortung (**GPS**, „**G**lobal **P**ositioning **S**ystem") bestimmt.

Überlegen Sie sich gut, ob Sie dies wollen! Kaum etwas ist peinlicher, als wenn Sie schreiben, dass Sie krank im Bett liegen und Facebook in Ihrem Beitrag automatisch die Information anhängt, dass Sie in Holland am Strand sitzen, obwohl Sie krank gemeldet sind! Damit Ihr Aufenthaltsort nicht automatisch preisgegeben wird, entfernen Sie per Mausklick in das Kästchen ●

den Haken. Somit ist die Funktion ausgeschaltet.

6 Um Informationen, die andere Facebook-Mitglieder über Sie erhalten könnten, geht es im Bereich ●. So dürfte es beispielsweise nicht unbedingt in Ihrem Sinne sein, wenn jemand Sie auf einem Partyfoto mit offenem Hemd und Bierglas in der Hand markiert und andere Leute dies sehen. Was auf den ersten Blick persönlich und lustig erscheint, verliert rasch den heiteren Aspekt, bleibt aber auf unangenehme Weise intim, wenn der oder die Falsche das Bild zu Gesicht bekommt. So etwas lässt sich mit der entsprechenden Einstellung unter ●

unterbinden.

7 Die Sichtbarkeit Ihrer Kontaktinformationen wie Telefonnummern, Anschrift etc. können Sie im Bereich ●

ganz nach Wunsch festlegen. Danach kehren Sie mit einem Mausklick auf die Schaltfläche

wieder auf die Hauptseite der Privatsphäre-Einstellungen zurück.

Facebook-Profil für Suchmaschinen verstecken

Alle freien Inhalte des Internets sind relativ leicht aufzuspüren: **Suchmaschinen** wie Bing oder Google erlauben das Durchsuchen der schier unüberblickbaren Informationen, die sich im Internet verstecken, und präsentieren diese auf strukturierte Art und Weise.

Viele Anwender nutzen Facebook als Plattform, um sich ungezwungen mit Freunden zu unterhalten, und in diesem Umfeld kann es schon mal passieren, dass man sich abfällig über Personen, Firmen oder Situationen äußert.

Auch wenn man dies später ändert oder löscht: Suchmaschinen haben ein Gedächtnis wie ein Elefant und speichern die einmal eingegebenen Texte für lange Zeit. Dort lässt sich dann nachlesen, was längst gelöscht wurde. Darum kann es gegebenenfalls sinnvoll sein, Suchmaschinen den Zugriff auf das eigene Facebook-Profil zu verbieten.

1 Rufen Sie wieder die Privatsphäre-Einstellungen auf, wie auf Seite 93 beschrieben, und klicken Sie unten im Fenster auf den Eintrag.

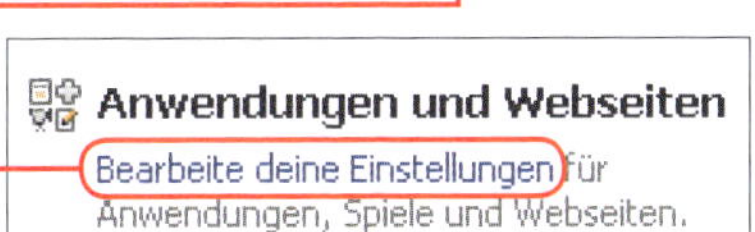

2 **Scrollen** Sie nun mithilfe der Bildlaufleiste (siehe zum Beispiel Seite 51) nach unten, bis Sie den Eintrag

sehen. Klicken Sie daneben auf den Befehl

.

3 Um den Zugriff von Suchmaschinen auf Ihr Facebook-Profil zu unterbinden, entfernen Sie per Mausklick in das Kästchen

den Haken. Solange die öffentliche Suche aktiviert ist, kann alles, was Sie schreiben oder zeigen, aus Facebook ins Internet getragen und dort verbreitet werden. Somit überschreiten Sie die Grenzen des sozialen Netzwerkes. Andererseits kann dies ja durchaus in Ihrem Sinne sein, wenn Sie weltweit gefunden werden möchten und Facebook in Ihr öffentliches Netzleben einbeziehen wollen.

Anwendungseinstellungen vornehmen

Neben der im nächsten Kapitel beschriebenen Kommunikation zwischen Facebook-Nutzern gibt es eine Vielzahl von Anwendungen, die auf Ihre Daten zugreifen möchten: so etwa regelmäßige Horoskope, Spiele etc., deren Verwendung Sie auf Empfehlung eines Freundes manchmal im Eifer des Gefechts schnell akzeptieren, aber später wieder vergessen. Facebook bietet Ihnen die Möglichkeit, die Berechtigung für Anwendungen übersichtlich zu kontrollieren und zu ändern.

1 Mit einem Mausklick auf die Schaltfläche

◂ Zurück zu Anwendungen

kehren Sie zu den Anwendungseinstellungen zurück. Jetzt zeigt Ihnen Facebook oben im Fenster sofort, wie viele Anwendungen, Spiele und Internetseiten Sie gerade mit Ihrem Facebook-Konto verknüpft haben, im Beispiel ●. Für die letzten drei sehen Sie sogar den Zeitpunkt, wann diese das letzte Mal auf Ihr Konto zugegriffen haben, hier ●.

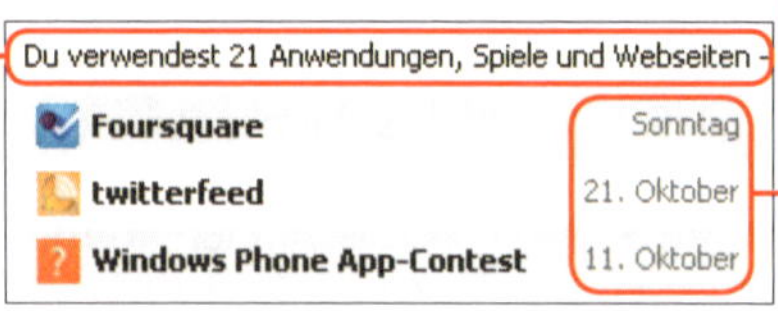

2 Um Zugriffsrechte zu ändern oder zu löschen, klicken Sie auf

Einstellungen bearbeiten.

Daraufhin erhalten Sie eine Liste von zugelassenen Anwendungen und Seiten. Wenn Sie nun die Einstellungen für eine Anwendung ändern wollen, klicken Sie

> **Ihre Erlaubnis vorausgesetzt**
>
> Machen Sie sich keine Sorgen, wenn der Eindruck entsteht, dass Facebook hier ein Eigenleben entwickelt: Sie müssen jedem Dienst und jeder Anwendung einmal aktiv die Erlaubnis erteilen, dass diese auf Ihr Facebook-Konto zugreifen können. Das geschieht nicht unbemerkt oder automatisch! Dennoch kann es nicht schaden, die freigegebenen Anwendungen und Dienste regelmäßig zu kontrollieren.

neben der Anwendung auf

Einstellungen bearbeiten.

3 Facebook zeigt Ihnen anschließend, auf welche Ihrer Inhalte die Anwendung zugreifen kann.

Jeweils rechts davon finden Sie einen Hinweis, ob dieser Zugriff ausgeschaltet werden kann, ohne dass das Programm nicht mehr läuft.

- Dabei bedeutet

  Erforderlich,

dass die Anwendung ohne diese Inhalte nicht funktioniert und der Zugriff demzufolge nicht verwehrt werden kann.

- Steht neben einem Inhalt hingegen

  Entfernen,

dann können Sie darauf klicken und die entsprechende Information damit für das Programm nicht mehr verfügbar machen.

- Wenn Sie den Zugriff der Anwendung auf Ihre Inhalte komplett untersagen möchten und die Anwendung löschen wollen, dann klicken Sie in der Übersicht auf

  Anwendung entfernen.

4 Zu guter Letzt kehren Sie wieder zum Ausgangsbildschirm zurück, indem Sie erst auf

◂ Zurück zur Privatsphäre für Anwendungen

und danach auf den Eintrag

◂ Zurück zu Privatsphäre

klicken.

Kontosicherheit aktivieren

Haben Sie Angst, dass jemand auf Ihr Facebook-Konto zugreift, weil er Ihr Kennwort erraten hat? Das können Sie relativ einfach kontrollieren, indem Sie eine bestimmte Einstellung zur Kontosicherheit vornehmen. Und so geht's:

1 Rufen Sie Facebook auf, und melden Sie sich, wie auf Seite 85/86 beschrieben, an Ihrem Facebook-Konto an. Klicken Sie dann auf Ihrer Statusseite oben rechts auf

Konto ▾

und anschließend im sich öffnenden Menü auf ●.

Seiten verwalten
Kontoeinstellungen
Privatsphäre-Einstellungen

2 Scrollen Sie nun mit dem Rollbalken der Bildlaufleiste (siehe Seite 51) nach unten, bis Sie den Eintrag

Kontosicherheit

sehen. Klicken Sie daneben auf den Befehl

ändern.

3 Um die Funktion der Kontosicherheit zu aktivieren, setzen Sie per Mausklick in den linken Kreis einen Punkt und bestätigen die Einstellung danach mit einem Klick auf die Schaltfläche.

4 Bei der nächsten Anmeldung an Ihrem Facebook-Konto werden Sie darauf hingewiesen, dass Sie Ihren PC identifizieren müssen. Geben Sie ihm einen treffenden Namen (zum Beispiel „Zuhause“ oder „Büro“), indem Sie auf

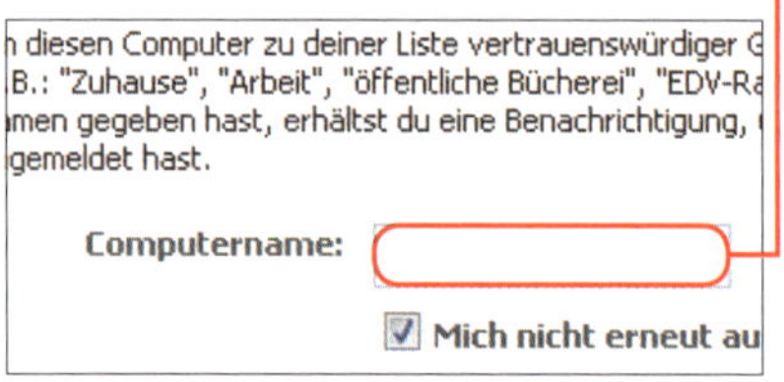

klicken und die Bezeichnung dann eintippen. Damit Sie die Eingabe für diesen PC nicht wiederholen müssen, genügt ein Mausklick in das Kästchen.

Facebook speichert die kleine Information daraufhin auf Ihrer Festplatte und kann Ihren Rechner dann zweifelsfrei identifizieren. Klicken Sie danach auf die Schaltfläche

.

5 Künftig erhalten Sie immer dann, wenn über einen unbekannten Rechner auf Ihr Facebook-Konto zugegriffen wird, eine E-Mail, im Beispiel.

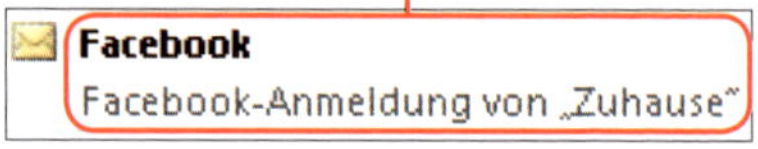

Dadurch können Sie ganz leicht sehen, ob Sie selbst dafür verantwortlich waren oder jemand anderes. Im Falle eines Fremdzugriffs gehen Sie einfach auf Facebook und ändern Ihr Passwort, wie es Ihnen auf Seite 86 gezeigt wurde.

Das Facebook-Konto löschen

Irgendwann schließt man mit jeder Phase seines Lebens ab, und dann ist vielleicht auch das einmal angelegte Facebook-Konto überflüssig. Anders als bei anderen Diensten ist die Menge der vorhandenen Daten bei Facebook allerdings so groß, dass das Sperren der zum Konto gehörenden Informationen (wie Freundschaften, Beiträge etc.) durchaus wichtig sein kann. Facebook macht es dem Anwender hier nicht gerade einfach. Im Folgenden werden Ihnen aber zwei Möglichkeiten aufgezeigt, mit denen Sie dafür sorgen können, dass Ihr

Facebook-Konto nicht mehr genutzt werden kann oder sogar tatsächlich komplett gelöscht wird.

Ein Facebook-Konto sperren

Im Normalfall geht es vielen Anwendern darum, dass in der Öffentlichkeit keine Informationen mehr über sie kursieren. In einem solchen Fall genügt es, das Facebook-Konto zu sperren und nicht mehr zugänglich zu machen.

1 Rufen Sie Facebook auf, und melden Sie sich wieder an Ihrem Konto an. Klicken Sie dann auf Ihrer Statusseite oben rechts auf

und anschließend im sich öffnenden Menü auf den Eintrag.

2 Scrollen Sie mit dem Rollbalken der Bildlaufleiste nach unten, bis Sie den Eintrag

sehen, und klicken Sie danach auf den Befehl

.

3 Nun müssen Sie angeben, warum Sie das Konto sperren wollen. Aktivieren Sie dazu per Mausklick in eines der Auswahlfelder

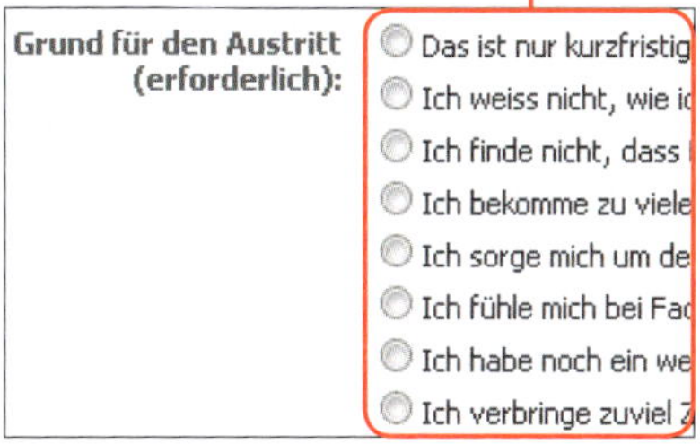

eine der Optionen. Bei Bedarf klicken Sie auf

und tragen weitere Informationen zum Grund der Kontosperrung ein.

4 Da Ihr Konto nicht komplett gelöscht wird, sind Sie für Facebook immer noch per E-Mail erreichbar. Wenn Sie dies nicht wünschen, dann klicken Sie neben der entsprechenden Option in das Kästchen.

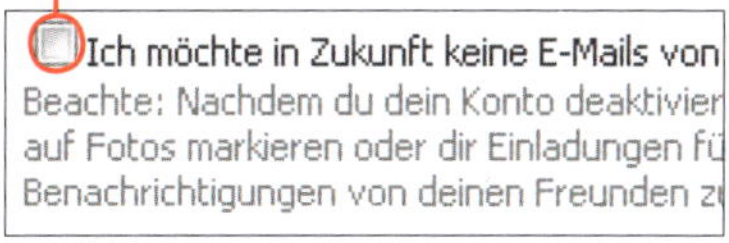

5 Sobald Sie die Sperrung mit einem Mausklick auf

eingeleitet haben, öffnet sich ein Fenster, in dem Sie noch einmal Ihr Passwort eingeben müssen.

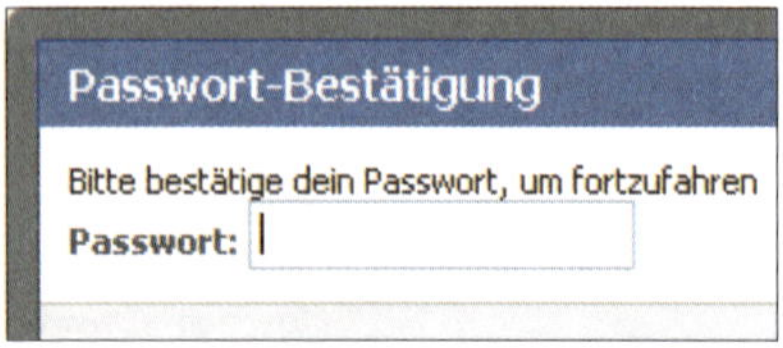

Nach einem erneuten Klick auf die Schaltfläche

wird die Sperrung durchgeführt.

Das Facebook-Konto wieder entsperren

Eine Kontosperrung bewirkt lediglich, dass Sie in Beiträgen anderer Benutzer und in Fotos nicht mehr „sichtbar“ sind und Ihr Profil sowie Ihre Beiträge nicht mehr aufgerufen werden können. Ihre Daten sind aber weiterhin bei Facebook gespeichert. Um die Sperrung Ihres Kontos gegebenenfalls wieder aufzuheben, müssen Sie sich nur erneut mit Ihren Benutzerdaten anmelden und die E-Mail von Facebook abwarten, die die Freischaltung des Kontos erlaubt.
Denken Sie daran, dass Sie dafür Zugriff auf die E-Mail-Adresse benötigen, mit der Sie sich damals angemeldet haben. Existiert diese nicht mehr, dann ist Ihr Facebook-Konto verloren!

Ein Facebook-Konto endgültig löschen

Wenn Sie sich sicher sind, dass Sie Facebook tatsächlich verlassen möchten und all Ihre im Zusammenhang mit Ihrem Konto eingegebenen Daten, Beiträge etc. gelöscht haben wollen, müssen Sie dies bei Facebook ausdrücklich beantragen.

1 Rufen Sie Facebook auf, und melden Sie sich wie gewohnt an Ihrem Konto an. Klicken Sie dann auf Ihrer Statusseite oben rechts auf

und anschließend im sich öffnenden Menü auf den Eintrag ●.

2 Im Fenster, das daraufhin erscheint, folgt ein Mausklick auf ●.

Innerhalb des Erklärungstextes finden Sie unter anderem einen Abschnitt zum Thema Kontolöschung. Klicken Sie darin auf die Verknüpfung ●.

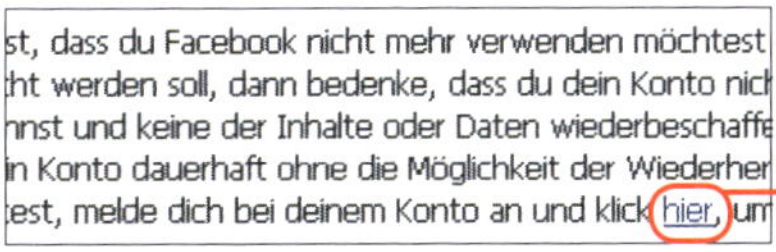

3 Facebook fragt nun zur Sicherheit noch einmal nach, ob das Löschen des Kontos und aller gespeicherter Informationen wirklich Ihr Wunsch ist. Wenn Sie sich sicher sind, klicken Sie auf die Schaltfläche ●.

4 Wer jetzt glaubt, der Löschvorgang würde direkt und ohne Umwege durchgeführt, der irrt. Dieser Prozess dauert zwei bis drei Wochen. In dieser Zeit dürfen Sie sich nicht mit Ihren Kontoinformationen bei Facebook anmelden, denn dies würde den Löschprozess unterbrechen.

Kein Versteckspiel: direkter Lösch-Link

Facebook stellt die eigenen Hilfe-Informationen, in denen sich die Hinweise zur Abmeldung des eigenen Kontos ja verbergen, gerne mal um und platziert sie an anderer Stelle. Sollte der gerade beschriebene Weg nicht funktionieren, dann geben Sie als Adresse in Ihrem Internet Explorer direkt **https://ssl.facebook.com/help/contact.php?show_form=delete_account** ein und fahren mit Schritt 3 fort.

8 Lebenszeichen in Facebook

Nachdem Sie Ihr Konto angelegt, Ihre Profilinformationen eingegeben und die Einstellungen zur Privatsphäre vorgenommen haben, sind die Vorbereitungen abgeschlossen. Legen Sie los, kommunizieren Sie mit Ihren Freunden, und knüpfen Sie neue Kontakte. Für den öffentlichen Austausch hat Facebook ein Medium, das den schwarzen Brettern gleicht, die Sie aus der Schule, der Universität oder dem Betrieb kennen. An diese schwarzen Bretter werden aktuelle Nachrichten einfach angeheftet. So geht das auch in Facebook, nur dass in diesem Fall jeder sein eigenes schwarzes Brett hat, an das die Meldungen „gepinnt" werden und das deshalb „Pinnwand" heißt. Auf Facebooks Pinnwänden können Sie Diskussionen starten, diese wahlweise öffentlich oder nur im kleinen, abgeschlossenen Kreis führen, die Seite Ihrer Firma, Ihrer Band oder Ihres Vereins pflegen sowie Informationen, die Ihnen wichtig sind, unter den Leuten verbreiten.

Im achten Kapitel dieses Buches erfahren Sie,

- wie Sie an die Pinnwand Ihrer Freunde schreiben und auf Beiträge reagieren,
- wie Sie eine Statusmeldung veröffentlichen,
- wie Sie Nachrichten an Freunde versenden,
- wie sich einzelne Namen aus Ihrer Freundesliste löschen lassen
- und wie Sie Seiten und Gruppen anlegen.

Kapitel-Wegweiser

Kommunikation mit Ihren Freunden

Nachdem Sie im ersten Kapitel des Facebook-Teils dieses Buches bereits Ihre ersten Freunde gewonnen und zu Facebook eingeladen haben, können Sie nun direkt mit diesen in Verbindung treten. Die folgenden Beschreibungen gehen davon aus, dass die Standard-Privatsphäre-Einstellungen von Facebook aktiv sind. Sollte ein Teilnehmer bestimmte Informationen oder Kontaktwege gesperrt haben, bekommen Sie gegebenenfalls eine Fehlermeldung. Dies wird allerdings der Ausnahmefall sein.

Die eigene Statusseite verwenden

1 Starten Sie Ihr **Internetzugriffsprogramm**, und melden Sie sich, wie auf Seite 85/86 beschrieben, an Ihrem Facebook-Konto an.

2 Die Seite, die Ihnen nun automatisch angezeigt wird, ist Ihre persönliche Statusseite. Darin sehen Sie eine Vielzahl von wichtigen Informationen, die Sie in den folgenden Abschnitten näher kennenlernen werden:

Nahe der oberen linken Ecke des Fensters ❶ sehen Sie die Zahl der neuen Freundschaftsanfragen, Nachrichten und Benachrichtigungen (siehe Seite 115). Unter diesem Informationsbereich ❷ befindet sich Ihr eigenes Profilbild mit Verknüpfungen zu Anfragen, Nachrichten, Ihren Seiten und Gruppen etc. (siehe Seite 119). Die Befehle „Startseite“, „Profil“ und „Konto“ ❸ haben Sie bereits bei der Einrichtung Ihres Kontos und der Festlegung der Privatsphäre-Einstellungen verwendet. Im Bereich „Neuigkeiten“ ❹ schließlich sehen Sie die Statusmeldungen Ihrer Freunde, die an deren Pinnwänden stehen.

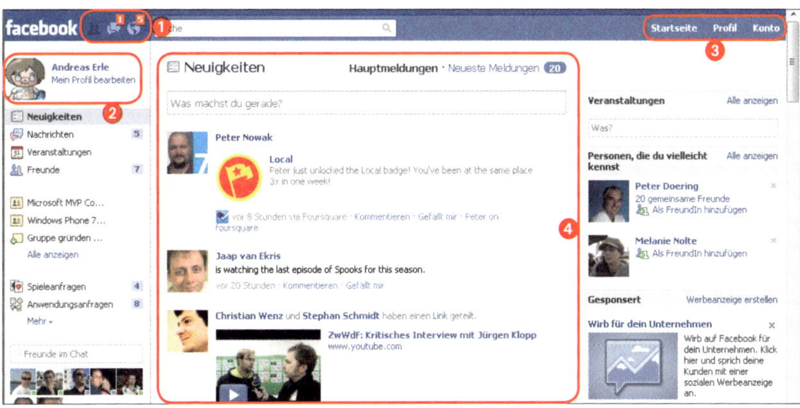

Informationen Ihrer Freunde

Einen großen Teil Ihrer Zeit auf Facebook werden Sie damit verbringen, die Nachrichten Ihrer Freunde mitzulesen und zu kommentieren. Wenn Sie eine Nachricht zu einem Kommentar anspornt, können Sie diesen ganz einfach hinzufügen.

1 Klicken Sie in der Nachricht, die Sie kommentieren möchten, auf ●.

Wenn noch kein Kommentar eines anderen Facebook-Teilnehmers vorhanden ist, klicken Sie direkt in das geöffnete Kommentarfeld ●.

2 Tippen Sie Ihren Kommentar ein, und klicken Sie anschließend auf die Schaltfläche

.

Ihr Kommentar erscheint sofort unter dem ursprünglichen Beitrag.

3 Falls Sie nur ausdrücken möchten, dass Ihnen der Beitrag eines Freundes zusagt, klicken Sie unter dem Beitrag einfach auf

.

Andernfalls reicht direkt daneben ein Mausklick auf den Eintrag

.

! Zusammenhang beachten

In Facebook herrscht eine eher lockere Atmosphäre, und der Umgangston ist witzig bis flapsig. Trotzdem kann man am Diskussionsverlauf zu einer Statusmeldung schon erkennen, ob man auch als nicht allzu Nahestehender daran teilnehmen kann oder nicht. Und wenn sich eine Diskussion um ein ernstes oder privates Thema dreht, dann sollten Sie sich im Zweifelsfall einen lockeren Spruch verkneifen.

Noch wichtiger: Wenn Sie ein Anliegen (wie die Werbung für Ihr Produkt oder Ihre Firma) haben, dann platzieren Sie es nicht in Diskussionen, die sich um ganz andere Themen drehen. Denn das ist meistens kontraproduktiv und führt eher zu Desinteresse.

Über die Pinnwand kommunizieren

Wenn Sie einem Ihrer Freunde eine Nachricht schicken wollen, die auch andere Facebook-Teilnehmer lesen können (abhängig von den Privatsphäre-Einstellungen des Angesprochenen), dann können Sie dazu seine Pinnwand benutzen. Die Pinnwand ist quasi ein schwarzes Brett, das im Flur eines Facebook-Anwenders steht und dort von jedem gelesen und beschrieben werden kann.

1 Klicken Sie auf den Namen des Facebook-Mitglieds, an dessen Pinnwand Sie schreiben möchten, im Beispiel ●.

2 Geben Sie nun Ihre Nachricht über die Tastatur ein, indem Sie in das dafür vorgesehene Feld ●

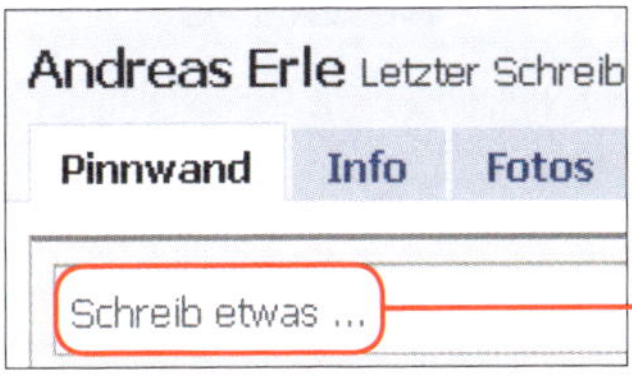

klicken und dann Ihren Beitrag eintippen. Beachten Sie dabei, dass die Einträge an der Pinnwand eines Benutzers standardmäßig öffentlich sind und – abhängig von den Privatsphäre-Einstellungen – nicht nur von ihm, sondern auch von dessen Freunden gelesen werden können. Schreiben Sie also keinesfalls vertrauliche Informationen in eine Pinnwand-Nachricht!

3 Ein Bild sagt mehr als tausend Worte. Warum sollten Sie einen Sonnenuntergang nur beschreiben, wenn Sie auch ein Bild davon anhängen können? Klicken Sie dazu auf das Symbol ●,

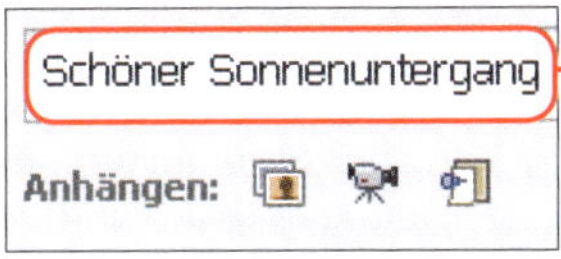

und wählen Sie das Foto, wie auf Seite 90/91 gezeigt, von Ihrer **Festplatte** aus.

4 Vielleicht möchten Sie aber auch auf eine **Internetseite** hinweisen, auf der sich nähere Informationen zu einem Thema befinden? Klicken Sie dazu auf das Symbol ●,

tragen Sie im Eingabefeld unter „Link" ●

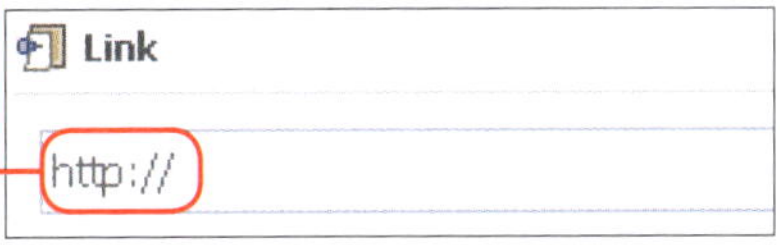

die gewünschte Internetadresse ein, und klicken Sie abschließend auf den Befehl **Anhängen**.

> **Kein Pinnwand-SPAM!**
>
> Als aktiver Nutzer des Mediums E-Mail kennen Sie das Problem des SPAMs: Unerwünschte Nachrichten, die für Sie keinen Mehrwert haben und einfach nur Zeit kosten, sind schlicht und ergreifend ein Ärgernis.
>
> Auch wenn Sie sicherlich keine Hinweise auf gefälschte Markenuhren oder blaue Pillen an der Pinnwand eines Facebook-Freundes hinterlassen werden, so sollten Sie sich doch bewusst sein, dass der ungefragte Hinweis auf eine Internetseite oder ein Produkt von manchen Benutzern als ebenso störend empfunden wird. Wenn Sie also Verknüpfungen zu Internetseiten an die Pinnwand eines Benutzers schreiben, dann sollten sich diese unbedingt auf ein Thema beziehen, das Sie bereits miteinander besprochen haben. Sonst kann die „Freundschaft“ schnell vorbei sein!

5 Um die Pinnwand-Nachricht abzusenden, brauchen Sie dann nur noch auf

zu klicken. Daraufhin kann der Empfänger die Nachricht in seiner Übersicht auf seiner Statusseite sehen.

Statusmitteilungen versenden

Was beschäftigt Sie gerade? Facebook lebt wie Twitter davon, dass Sie Ihre Umwelt daran teilhaben lassen, was Sie gerade machen. Auf Ihrer Statusseite finden Sie ein kleines Eingabefeld mit der Frage „Was machst du gerade“. Die Antwort auf diese Frage ist der Ausgangspunkt für Unterhaltungen mit Ihren Freunden, die direkt bei Facebook stattfinden.

1 Melden Sie sich wie gewohnt an Ihrem Facebook-Konto an. Sollten Sie sich bereits auf einer der Unterseiten Ihres Kontos befinden, können Sie per Klick auf

facebook

jederzeit wieder auf Ihre Statusseite zurückkehren.

2 Klicken Sie auf Ihrer Statusseite in das entsprechende Eingabefeld,

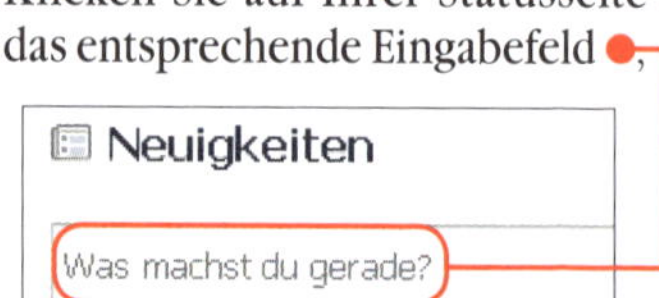

und tippen Sie Ihre Statusmeldung ein.

Wie bei einem Pinnwand-Eintrag (siehe Seite 111) können Sie auf Wunsch auch Bilder und Verknüpfungen zu Internetseiten anhängen.

3 Wenn Sie jetzt kurzfristig entscheiden, dass diese Statusmitteilung abweichend von Ihren sonstigen Einstellungen zur Privatsphäre nur für bestimmte Nutzer sichtbar sein soll, klicken Sie auf ●

und wählen aus der sich öffnenden Liste ● die entsprechende Einstellung aus (siehe auch Seite 96).

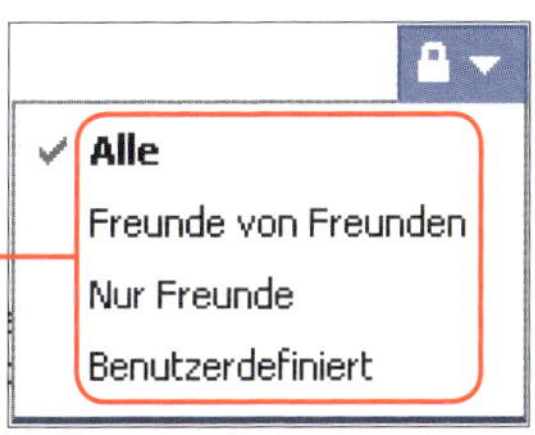

4 Zum Absenden Ihrer Statusmitteilung reicht ein Mausklick auf

.

Nun können all Ihre Freunde in der mittleren Spalte ihrer Statusseite (siehe Seite 109) sehen, was Sie gerade tun.

Nachrichten schreiben und anstupsen

Während die Kommunikation über die Pinnwand für jeden Anwender, der nach Ihren Privatsphäre-Einstellungen das Recht dazu hat, mitzulesen ist, möchten Sie vielleicht manchmal vertraulich und ohne Zeugen etwas mitteilen. Wenn Sie die direkte **E-Mail**-Adresse des Empfängers Ihrer Nachricht nicht kennen, dann schreiben Sie ihm doch einfach über Facebook eine Nachricht!

1 Melden Sie sich wie gewohnt an Ihrem Facebook-Konto an, und klicken Sie dann rechts in der Menüleiste auf

.

Links unten finden Sie nun einen Kasten, in dem die aktuelle Zahl Ihrer Freunde angezeigt wird, etwa ●. Klicken Sie auf den Befehl ●.

2 Nun können Sie damit beginnen, den Namen des Kontaktes, dem Sie eine Nachricht schicken möchten, einzugeben. Klicken Sie dazu in das Auswahlfeld ●,

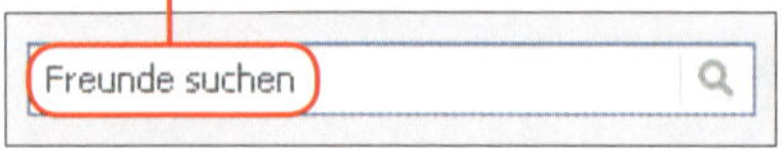

und fangen Sie an zu tippen. Die Liste Ihrer Freunde unter dem Eingabefeld reduziert sich von Buchstabe zu Buchstabe und zeigt Ihnen immer nur noch diejenigen Ihrer Freunde an, deren Name die bisher eingegebenen Buchstaben enthält. Sobald Sie den Namen des zu kontaktierenden Freundes sehen, klicken Sie ihn an, hier ●.

3 Unter dem Profilbild sind ein paar Dinge aufgelistet, die Sie jetzt zur Kontaktaufnahme tun können. Wenn Sie hier auf ●

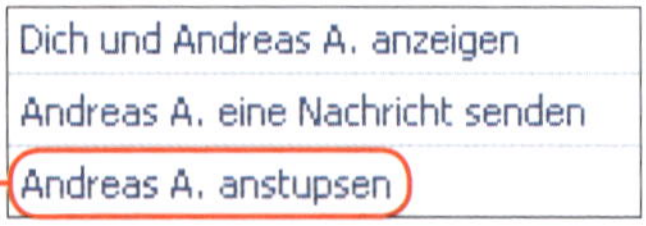

und dann auf

klicken, „stupsen" Sie den Kontakt „an" - in diesem Zusammenhang eine etwas merkwürdige Formulierung. Klarer wird es, wenn Sie sich vorstellen, Sie würden einen Freund, der neben Ihnen sitzt, kurz anstupsen: Damit erwecken Sie Aufmerksamkeit, ohne etwas zu sagen. Bei Facebook wird der Kontakt darüber auf seiner Statusseite informiert (siehe Seite 109).

4 Wenn Sie statt dieser wortlosen Kontaktaufnahme eine Nachricht schicken wollen, klicken Sie auf ●.

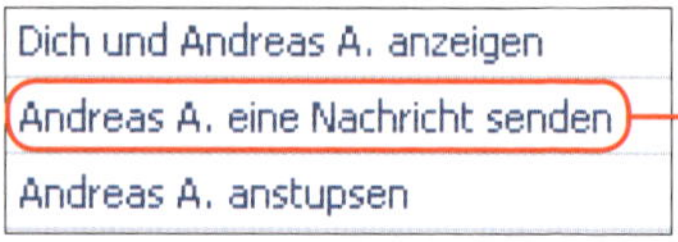

Anschließend geben Sie wie bei einer E-Mail den Betreff der Nachricht und danach den Text selbst ein. Wenn Sie ein Bild oder eine Verknüpfung zu einer Internetseite anfügen möchten, können Sie das wie gewohnt über die Schaltflächen ●

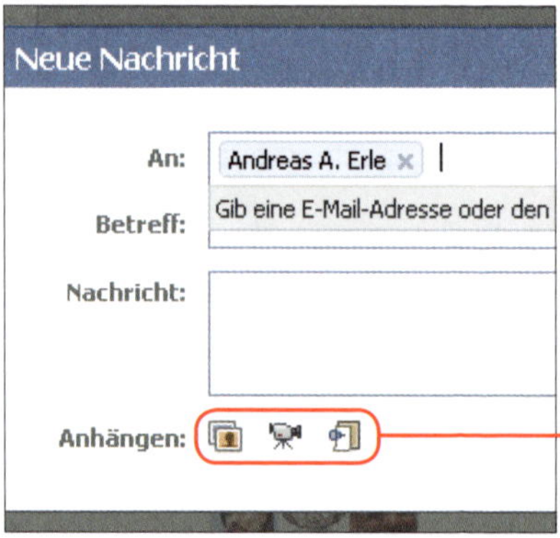

machen (siehe auch die Schritte 3 und 4 auf Seite 91).

5 Versenden Sie die Nachricht dann, indem Sie auf

klicken. Der Angeschriebene erhält daraufhin Ihre E-Mail und kann diese ebenfalls auf seiner Statusseite sehen. Mehr dazu lesen Sie im nächsten Abschnitt dieses Buches.

Auf Anfragen und Beiträge reagieren

Egal ob ein Facebook-Teilnehmer Sie nun zu seiner Freundesliste hinzufügen möchte, an Ihre Pinwand schreibt oder aber Ihren Status kommentiert: Sie werden immer per E-Mail darüber informiert. Der Vorteil besteht darin, dass Sie nicht andauernd auf Facebook nachsehen müssen, sondern zeitnah genau dann aktiv werden können, wenn gerade etwas Interessantes passiert ist.

1 Öffnen Sie Ihr E-Mail-Programm, und fragen Sie Ihre neuen Nachrichten ab. Wenn ein Facebook-Teilnehmer Sie als Freund hinzufügen will, erhalten Sie eine E-Mail, die so aussieht:

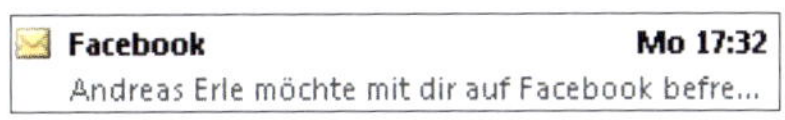

Öffnen Sie die entsprechende Nachricht per **Doppelklick**.

2 In der geöffneten E-Mail sehen Sie nun den Namen des Einladenden, im Beispiel ●, und darunter eine Verknüpfung zu Facebook ●.

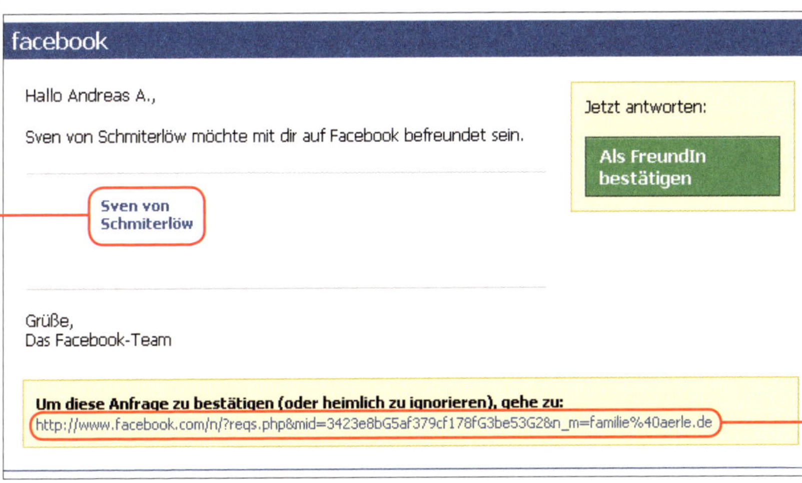

Klicken Sie auf den Eintrag ●,

um zu Facebook zu wechseln und den Anfragenden als Freund zu bestätigen.

3 Falls Sie sich zwischendurch von Ihrem Facebook-Konto abgemeldet hatten, gelangen Sie jetzt zum Anmeldebildschirm und müssen sich, wie auf Seite 85/86 gezeigt, anmelden. Facebook bestätigt Ihnen die neu gewonnene Freundschaft mit dem Hinweis ●.

4 Wenn Sie selbst eine Freundschaftsanfrage gestartet haben und der Empfänger diese bestätigt hat, erhalten Sie eine E-Mail, die so aussieht:

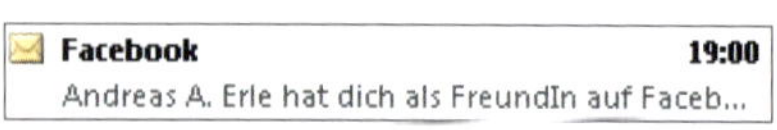

Diese Nachricht hat einen rein informativen Charakter, Sie müssen nicht darauf reagieren.

5 Wenn ein anderes Facebook-Mitglied mit Ihnen in Kontakt treten will, werden Sie ebenfalls per E-Mail darüber informiert.

■ Bei einem Eintrag an Ihre Pinnwand sieht das dann zum Beispiel so aus:

Freundschaft ablehnen

Freundschaftsanfragen können Sie in schwere Turbulenzen bringen und dazu führen, dass Sie sich unwohl fühlen. Was machen Sie, wenn jemand Sie als „Freund" bei Facebook einlädt – und Sie ihn nun so gar nicht ausstehen können?

Die eine Möglichkeit ist, die Einladungs-E-Mail einfach zu löschen. Dies aber merkt der Einladende alleine schon dadurch, dass er von Facebook keinen Nachweis bekommt, dass Sie ihn als Freund bestätigt haben. Sollten Sie befürchten, dass Ihnen dies schaden könnte, bestätigen Sie doch einfach die Anfrage, wie im Schritt 2 der nebenstehenden Anleitung beschrieben, und löschen den Kontakt direkt wieder (siehe Seite 118). So hat der Einladende das gute Gefühl, dass Sie ihn als Freund akzeptiert haben, ist aber nicht in der Lage, Ihre Nachrichten zu lesen.

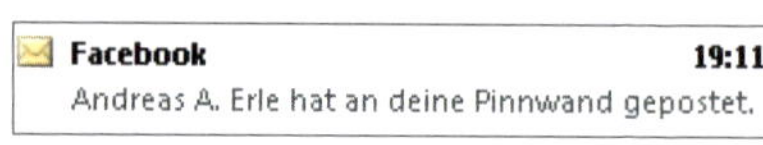

■ Hat jemand Ihre Statusmeldung kommentiert, dann erhalten Sie die folgende E-Mail:

■ Und bei einer direkten Nachricht sieht die eingehende E-Mail so aus:

Alle diese E-Mails haben eines gemeinsam: Wenn Sie sie öffnen, finden Sie im unteren Teil wieder eine Verknüpfung zu Facebook selbst: ●.

Klicken Sie darauf, um zu Facebook geleitet zu werden und sich - gegebenenfalls nach einer Anmeldung an Ihrem Konto - die Nachricht, den Pinnwandeintrag oder den Status anzusehen und wie bereits beschrieben zu kommentieren etc.

6 Unabhängig von den E-Mails, die Sie bekommen, zeigt Ihnen auch Ihre Statusseite (die Sie, wie Sie mittlerweile wissen, jederzeit per Klick auf

erreichen) an, wenn Anfragen und Nachrichten für Sie vorliegen. Rechts neben dem Facebook-Schriftzug finden Sie drei Symbole, die bei Neuigkeiten mit Zahlen in roten Kästen versehen sind. Die erste Zahl ● gibt an, wie viele Freundschaftsanfragen zwischenzeitlich eingegangen sind, die zweite Zahl ●, wie viele neue Nachrichten Sie von anderen Facebook-Benutzern erhalten haben,

und die dritte Zahl ● steht für die aktuelle Menge an Benachrichtigungen (zum Beispiel „Anstupser", Kommentierungen und Pinnwandeinträge).

7 Um beispielsweise die eingegangenen Freundschaftsanfragen „abzuarbeiten", klicken Sie auf

.

Facebook zeigt Ihnen daraufhin eine Liste aller Benutzer, die Ihnen eine Freundschaftsanfrage geschickt haben (und die von Ihnen noch nicht beantwortet wurde). Wenn Sie die Anfrage bestätigen wollen, klicken Sie auf ●, andernfalls auf ●.

8 Damit Sie Ihre ungelesenen Nachrichten aufrufen können, klicken Sie stattdessen auf

.

Klicken Sie auf eine Nachricht, um diese zu öffnen, etwa ●,

und dann - wie vom Schreiben einer neuen Nachricht gewöhnt - in das Eingabefeld ●.

Sobald Sie Ihre Antwort dort eingetippt haben, reicht ein abschließender Mausklick auf

.

Namen aus der Freundesliste löschen

Wie im wahren Leben kann eine Freundschaft auch einmal zu Ende gehen. In einem solchen Fall möchten Sie vielleicht nicht mehr, dass der- oder diejenige Ihre Statusmeldungen und anderen Aktivitäten auf Facebook sehen kann. Kein Problem, löschen Sie einfach den Namen des (ehemaligen) Freundes.

1 Suchen Sie den Betreffenden aus der Liste Ihrer Freunde aus, wie es auf Seite 113/114 beschrieben ist. In der Freundesliste befindet sich neben jedem Namen ein kleines Kreuz ●.

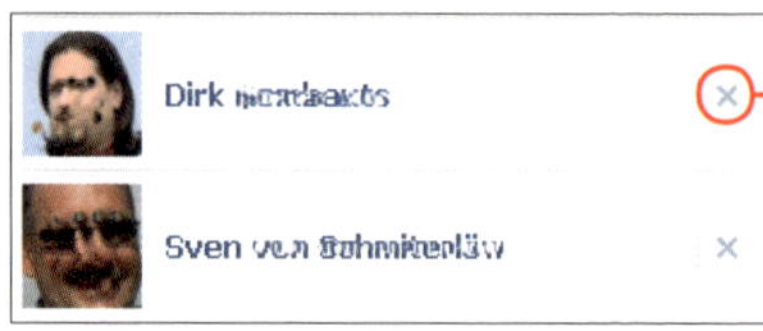

Klicken Sie darauf, um den dazugehörigen Namen zu löschen.

2 Facebook fragt daraufhin noch einmal nach, um Sie davor zu bewahren, einen Kontakt versehentlich zu löschen.

Wenn Sie den Namen wirklich löschen wollen, klicken Sie auf

.

Derjenige, dessen Namen Sie gelöscht haben, bekommt aktiv nichts davon mit. Nur wenn er Ihren Statusmeldungen und Konversationen bis dahin aufmerksam folgte, wird er merken, dass er Ihre Beiträge nicht mehr sehen kann.

Seiten und Gruppen verwalten

Bisher haben Sie für sich als Einzelperson gehandelt. Wenn Sie aber eine Firma oder einen Verein haben, dann möchten Sie diese/n zum einen nach außen präsentieren, zum anderen aber vielleicht auch Diskussionen mit mehreren ausgesuchten Facebook-Benutzern führen (zum Beispiel Kunden, Vereinsmitgliedern etc.), ohne dafür einen großen administrativen Aufwand bei der Einstellung spezieller Privatsphäre-Einstellungen zu haben. Facebook bietet Ihnen hier komfortable Unterstützung.

Seiten verwalten

Auf Seite 83 wurde Ihnen bereits gezeigt, wie Sie eine eigene Seite auf Facebook anlegen und mit Ihrem Facebook-Konto verknüpfen. Die Gestaltung der Seite ist kein Hexenwerk und mit den bisher beschriebenen Möglichkeiten problemlos und schnell zu realisieren.

1 Melden Sie sich wie gewohnt an Ihrem Facebook-Konto an, und klicken Sie dann rechts in der Menüleiste auf

sowie anschließend im sich öffnenden Menü auf ●.

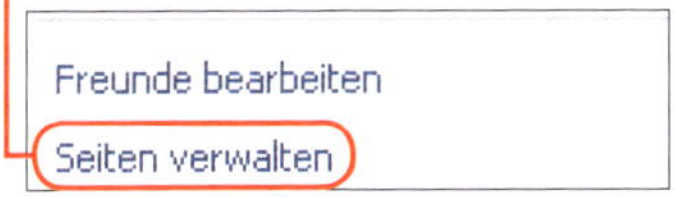

2 In der Übersicht, die daraufhin erscheint, klicken Sie als Erstes auf die Seite, die Sie bearbeiten möchten, im Beispiel ●,

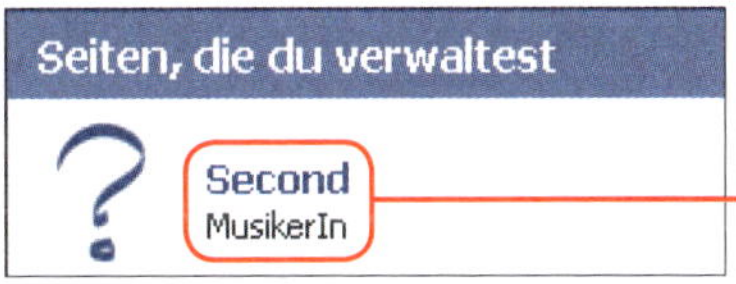

und danach auf den Eintrag

.

3 Wichtig für Ihre Seite ist vor allem ein Bild, denn der dafür vorgesehene Platz ist nach dem Anlegen der Seite erst einmal leer. Das haben Sie ja schon bei Ihrem persönlichen Profilbild gesehen. Darum klicken Sie auf ●

und laden ein passendes Bild für die Seite hoch (siehe Seite 90/91).

4 Um Ihren Besuchern etwas über den Hintergrund Ihrer Facebook-Seite, das Motto Ihrer Firma oder den Sinn Ihres Vereins mitzuteilen, schreiben Sie doch einen kurzen Text dazu. Sobald Sie

in das Eingabefeld

geklickt haben, können Sie den gewünschten Text eintippen, im Beispiel,

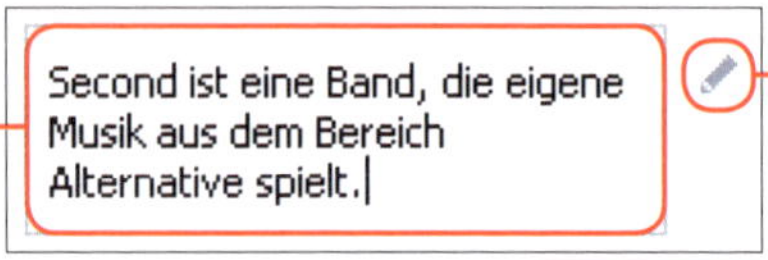

und dann per Mausklick auf speichern.

5 Schon hat Ihre Seite ein Gesicht, das im linken Bereich Ihrer Seite auftaucht:

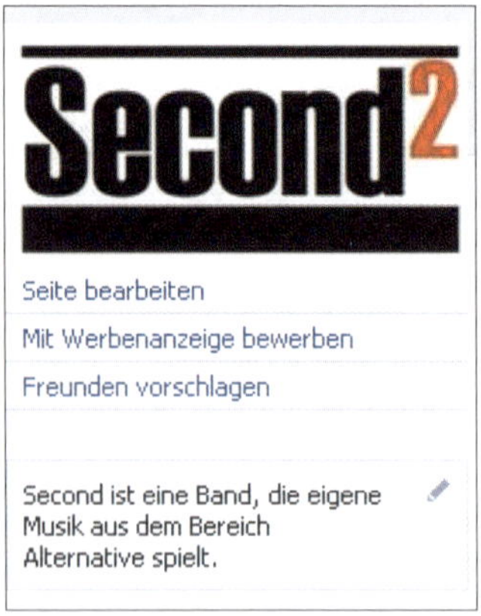

Doch was bringt Ihnen die schönste Seite, wenn keiner sie besucht? Richtig … dann informieren Sie doch Ihre Freunde darüber, dass sie mal vorbeischauen sollen! Klicken Sie dazu auf

Freunden vorschlagen.

6 Facebook zeigt Ihnen daraufhin eine Übersicht über Ihre Freunde. Markieren Sie die Kontakte, die Sie über Ihre Facebook-Seite informieren wollen, per Mausklick. Einen ausgewählten Kontakt erkennen Sie an der blauen Hervorhebung, hier.

Klicken Sie dann auf,

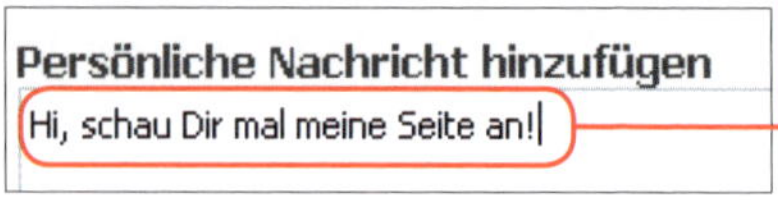

und geben Sie einen kurzen Begleittext zur Seitenempfehlung ein. Zu guter Letzt genügt ein Klick auf die Schaltfläche

Einladungen verschicken.

Eine Gruppe einrichten

Auch bei einer Seite gibt es die Pinnwand als Kommunikationsmittel. Bei einem Nutzerkreis, der ein gemeinsames

Thema hat, dies aber nicht ganz öffentlich diskutieren möchte, besteht oft der Bedarf an einer geschlossenen Diskussionsplattform. Facebook bietet Ihnen dazu die Möglichkeit, eine Gruppe zu gründen.

1 Nach der Anmeldung an Ihrem Facebook-Konto klicken Sie in der linken Spalte einfach auf

und danach auf den Eintrag

.

2 Anschließend können Sie der Gruppe einen Namen geben. Klicken Sie dazu in das entsprechende Eingabefeld, und tippen Sie die gewünschte Bezeichnung ein. Wählen Sie die Mitglieder aus, wie auf Seite 113/114 beschrieben, und tragen Sie sie hier ein.

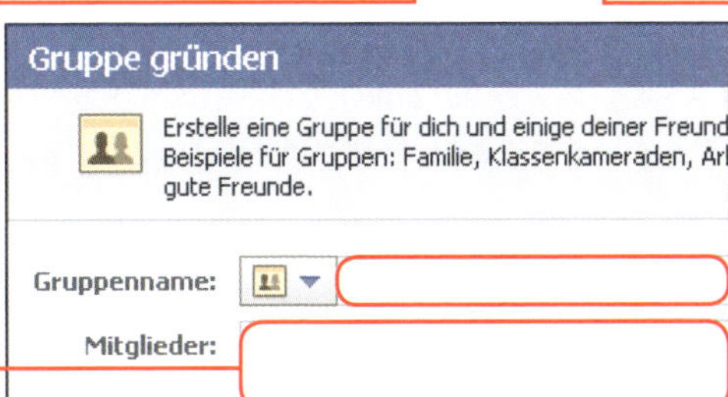

3 Um jetzt festzulegen, wer was von der Gruppe sehen darf, öffnen Sie per Mausklick auf

eine Auswahlliste, die Ihnen drei Möglichkeiten bietet. Bei der ersten Option sind sowohl die Mitglieder der Gruppe als auch die Inhalte für alle Facebook-Anwender zu sehen. Bei der zweiten

bleiben zwar die Mitglieder öffentlich, die Inhalte werden aber eben nur für die eingeladenen Mitglieder sichtbar gemacht. Für vertrauliche Unterhaltungen ist die richtige Wahl, denn damit kann niemand außer den eingeladenen Freunden die Mitgliedernamen und die in der Gruppe geschriebenen Nachrichten lesen.

4 Wenn Sie alle Vorkehrungen getroffen und Einstellungen für die neue Gruppe vorgenommen haben, klicken Sie abschließend auf die Schaltfläche

.

Facebook bestätigt Ihnen die Gründung der Gruppe mit einem Hinweis:

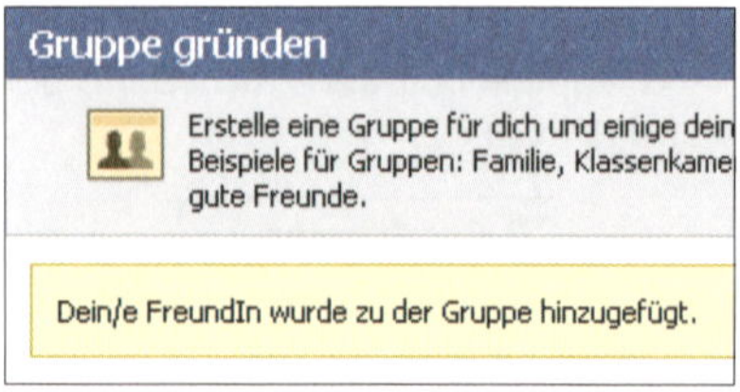

Nehmen Sie die Meldung per Mausklick auf

zur Kenntnis.

5 Alle Teilnehmer, die Sie der neu gegründeten Gruppe hinzugefügt haben, werden darüber per E-Mail informiert

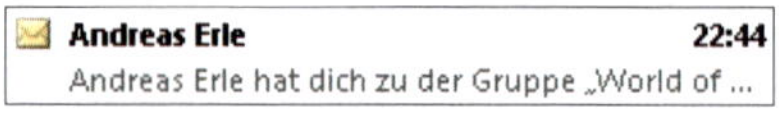

und können wie gewohnt darauf reagieren.

In einer Gruppe diskutieren

Alle Gruppen, in denen Sie Mitglied sind, werden auf Ihrer Statusseite angezeigt. Daher können Sie, wenn Sie eine Diskussion mitverfolgen und sich äußern wollen, auch ganz leicht darauf zugreifen.

1 Klicken Sie auf der Statusseite einfach auf den Namen der Gruppe, in der Sie einen Beitrag schreiben wollen, beispielsweise ●.

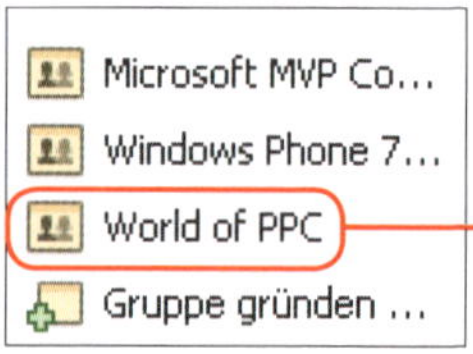

2 Um nun einen Beitrag zu schreiben, klicken Sie als Nächstes auf ●, um ein Foto zu veröffentlichen, auf ●.

Verfahren Sie dann weiter wie beim Schreiben an eine Pinnwand (Seite 111).

3 Auf Beiträge können Sie genauso reagieren, wie es Ihnen auf Seite 115 erläutert wurde. Denn ein Beitrag in einer Gruppe ist nichts anderes als eine Statusmeldung oder ein Pinnwandeintrag - eben nur mit dem Unterschied, dass er nur einem eingeschränkten Nutzerkreis zur Verfügung steht.

Was ist eigentlich …?

Assistent
In vielen Programmen sind kleine Hilfsprogramme enthalten, mit deren Unterstützung Sie zum Beispiel ganz einfach Geräte installieren können. Diese „Schritt-für-Schritt"-Hilfen werden Assistenten genannt.

Betriebssystem
Das grundlegende Programm eines Computers, ohne das andere Programme nicht auf dem Rechner gestartet werden können. Das Betriebssystem, das selbst aus mehreren Programmen mit unterschiedlichen Funktionen besteht, stellt anderen Programmen seine Funktionen zur Verfügung.

Blog
Ein Blog ist ein im Internet frei verfügbares Medium, in dem Menschen ihre persönlichen Meinungen, Erlebnisse und Tipps der Öffentlichkeit zugänglich machen. Es ist in gewisser Weise vergleichbar mit einem öffentlichen, elektronischen Tagebuch.

Browser
Englische Bezeichnung für → Internetzugriffsprogramm (→ Internet Explorer).

Chat
Das Internet ist normalerweise auf eine Kommunikation Zug um Zug ausgelegt: Sie senden eine → E-Mail, dann ist der

Was ist eigentlich …?

Empfänger dran und sendet seine Antwort, wenn er Zeit dafür hat und so weiter. Ein „Chat" (das englische Wort für „Schwatzen") erlaubt Ihnen eine Echtzeitunterhaltung: Beide Gesprächspartner sitzen vor ihrem Rechner und schreiben direkt die Antworten, die der Gesprächspartner sofort sieht und worauf er unmittelbar wieder antworten kann.

Datei
Alle Daten, mit denen Ihr Rechner arbeitet, sind in sogenannten Dateien erfasst. So bestehen Programme oft aus Tausenden Dateien. Dabei handelt es sich nicht nur um Texte. Auch Ihre Bilder und Filme speichern Sie in Dateien.

Dienst
Ein Angebot im Internet, das man nutzen kann, um eine bestimmte Aufgabe zu erfüllen oder bestimmte Dinge zu tun (wie zum Beispiel bei Twitter Nachrichten schreiben), nennt man Dienst.

Doppelklick
Ein Doppelklick bedeutet nichts anderes, als dass Sie zweimal ganz kurz hintereinander die linke Maustaste drücken.

Download
Im Internet können Sie sich nicht nur Text- oder Bilddateien ansehen, son-

Was ist eigentlich ...?

dern diese auch auf den eigenen Computer speichern. Im WWW finden Sie Programme, Spiele, Musikstücke, Bilder und Filme. Wenn Sie solche Dateien mit Ihrem → Browser aus dem Internet auf Ihren Computer „herunterholen", spricht man von Download. Teilweise wird dieser Vorgang der Übertragung von Dateien auch als „Überspielen" oder „Herunterladen" bezeichnet. In jedem Fall werden Daten von einem Computer zum anderen übertragen.

Eingabefeld
In Eingabefeldern werden Daten eingetippt. Das Adressfeld eines → Browsers ist ein solches Eingabefeld, in das die Internetadresse eingegeben wird.

E-Mail
Die elektronische Post („**E**lectronic **Mail**") hat im Internet die Funktion der klassischen Post übernommen. Mit einem E-Mail-Programm wie Outlook können Sie Textnachrichten oder Dokumente jeder Art versenden und auch empfangen – und zwar blitzschnell und weltweit.

Explorer
Als Explorer-Fenster oder auch als Dateimanager bezeichnet man ein Arbeitsfenster, über das Sie Zugriff auf die Ordner- und Dateistruktur Ihres Computers erhalten.

Was ist eigentlich ...?

Festplatte
Auf der Festplatte (engl. „hard disk") werden die Daten und Programme des Computers gespeichert. Festplatten bestehen aus magnetischen, rotierenden Scheiben, die mit einem sogenannten Lese-/Schreibkopf abgetastet (also gelesen) und wieder beschrieben werden.

Follower
Ein Follower ist jemand, der einer Twitter-Seite „folgt" und die dort geschriebenen Beiträge in seine eigene → Timeline aufnimmt und damit abonniert.

GPS
Das „**G**lobal **P**ositioning **S**ystem" ist ein satellitengestütztes System zur weltweiten Positionsbestimmung. Die Satelliten befinden sich in einer Umlaufbahn um die Erde und senden ein Signal aus, sodass mit einem geeigneten Empfänger immer der genaue Standort des Anwenders festgestellt werden kann.

Internetadresse
Die Adresse einer → Internetseite, über die die entsprechende Seite geladen werden kann.

Internet Explorer
Der Internet Explorer ist das Programm, mit dem Sie Zugang zu → Internetsei-

Was ist eigentlich ...?

ten bekommen. Auch bei Windows Mobile-Geräten gibt es eine mobile Version davon, den „Pocket Internet Explorer“.

Internetseite
Das Internet ist der weltweite Verbund von Computern über Stand- und Telefonleitungen. Zuerst nur als Verbindung für militärische und wissenschaftliche Zwecke gedacht, entwickelte sich das Internet durch die starke Verbreitung des PCs zu einem globalen Verbund, der – ungeachtet aller politischen und geographischen Grenzen – die Verbindung zwischen Millionen von Menschen herstellt und den Gedankenaustausch und mit ihm den Austausch von Texten, Bildern, Tönen und Filmen fördert. Wie eine Zeitschrift ist das Internet in einzelne Seiten aufgeteilt.

Internetzugriffsprogramm
Das Programm, mit dem Sie → Internetseiten aufrufen können, wird Internetzugriffsprogramm oder auch Browser genannt. Am bekanntesten ist der → Internet Explorer.

Jobbörse
Ein Stellenangebot im Internet, in dem man sich offene Stellen ansehen und sich gegebenenfalls auch gleich bewerben kann, nennt man Jobbörse. Statt zu einer Arbeitsagentur zu gehen, können Sie bequem vor Ihrem Rechner durch die Stellenanzeigen stöbern.

Was ist eigentlich ...?

Klicken
Beim Klicken drücken Sie einmal kurz die Maustaste. Wird nicht ausdrücklich etwas anderes erwähnt, bezieht sich das auf die linke Maustaste. Weitere Maustechniken sind der → Rechtsklick, der → Doppelklick und das → Ziehen.

Laufwerk
Geräte, in denen Speichermedien gelesen und beschrieben werden. Es gibt auswechselbare Medien (CD-ROM/DVD/Blu-ray/USB-Stifte) und Laufwerke, deren Speichermedien nicht ausgewechselt werden können (Festplatten).

Netzwerk
Eigentlich kommt der Begriff aus dem Computerumfeld: Ein Netzwerk ist die Verbindung von mehreren Rechnern. Auf XING und Facebook lässt sich dies übertragen: Dort besteht Ihr Netzwerk aus Personen und den Beziehungen, die Personen untereinander haben.

Offline/Online
Offline („ohne Verbindung") bedeutet, dass der Computer nicht mit dem Internet verbunden ist. Online („in Verbindung") hingegen, dass der PC mit dem Internet verbunden ist.

Ordner
Daten- und Programmverzeichnisse werden Ordner genannt. In diesen

Was ist eigentlich …?

Ordnern werden Dateien und Programme sortiert gespeichert.

Rechtsklick
Rechtsklick bedeutet ein kurzes Drücken der rechten Maustaste.

Scrollen
Als Scrollen wird der Vorgang bezeichnet, bei dem der dargestellte Bereich in der Anzeige mithilfe des Rollbalkens nach oben, unten, links oder rechts verschoben wird. Auf diese Weise können die Teile sichtbar gemacht werden, die nicht ganz in das Bildschirmfenster passen.

Server
Ein Server ist ein Computer, der anderen Computern innerhalb eines Netzwerks seine Dienste zur Verfügung stellt. Im World Wide Web sind die Server die Computer, auf denen die Homepages gespeichert werden.

Startbildschirm
Über den Startbildschirm haben Sie Zugriff auf Dateien, Programme und Funktionen Ihres Computers. Er ist die zentrale Oberfläche für die Bedienung des Geräts.

Was ist eigentlich …?

Suchmaschine
Eine Suchmaschine ist eine → Internetseite, die Ihnen die unendlichen Weiten des Internets nach von Ihnen einzugebenden Suchbegriffen durchsucht und die Seiten, die diese Begriffe enthalten, übersichtlich und sortiert darstellt.

Timeline
Die chronologische Folge von Twitter-Beiträgen nennt man Timeline.

Tweet
Ein Beitrag, der bei Twitter veröffentlicht wird, wird auch „Tweet“ genannt, abgeleitet vom englischen Wort für „Zwitschern“.

Weblog
Andere Bezeichnung für → Blog.

Zwischenablage
Bei der Zwischenablage handelt es sich um einen temporären Speicher. Sie eignet sich vorzüglich, um beispielsweise Textstücke innerhalb eines Dokuments, zwischen zwei Dokumenten oder sogar zwischen verschiedenen Programmen auszutauschen.

Stichwortverzeichnis

Besuchen Sie uns im Internet:
www.ullstein-taschenbuch.de

Originalausgabe im Ullstein Taschenbuch
2. Auflage 2012

E-Mail: buecher@computerbild.de
Umschlaggestaltung: HildenDesign, München / Buch und Werbung, Berlin
Titelabbildung: © Westend61 / Masterfile
Satz und Repro: LVD GmbH, Berlin
Druck und Weiterverarbeitung: CPI - Ebner & Spiegel, Ulm
Printed in Germany
ISBN 978-3-548-41308-2